조선참모실록

조선참모실록

초판 1쇄 발행 2010년 4월 30일   초판 5쇄 발행 2018년 7월 13일

지은이 박기현   펴낸이 연준혁
기획 H2기획연대

출판 1본부 이사 김은주
출판 4분사분사장 김남철

펴낸곳 (주)위즈덤하우스 미디어그룹   출판등록 2000년 5월 23일 제13-1071호
주소 경기도 고양시 일산동구 정발산로 43-20 센트럴프라자 6층
전화 031)936-4000   팩스 031)903-3891
전자우편 wisdom1@wisdomhouse.co.kr   홈페이지 www.wisdomhouse.co.kr

값 13,000원   ⓒ박기현, 2010   사진 ⓒ권태균   ISBN 978-89-93119-14-5 03900

국립중앙도서관 출판시도서목록(CIP)

조선참모실록 : 시대의 표준을 제시한 8인의 킹메이커 / 박
기현 지음.
-- 고양 : 위즈덤하우스, 2010
p. ;   cm

참고문헌과 색인수록
ISBN 978-89-93119-14-5 03900 : ₩13000

리더십[leadership]
조선 시대[朝鮮時代]

911.05-KDC5
951.902-DDC21   CIP 2010001385

崔錫鼎
李恒福 朴珪壽
李浚慶
李元翼　金墇
李㴌 孟思誠

시대의 표준을 제시한 8인의 킹메이커

조선참모실록

박기현 지음

역사의아침

실패와 고통을 이겨내고
시대의 표준을 제시하다

조선 왕조를 500년간이나 지속할 수 있게 한 국가경영의 주체는 누구
일까?

조선 왕조는 군주를 중심으로 한 강력한 왕권주의 국가였다. 그렇
다고 군주의 영민함이나 탁월한 리더십 덕분에 나라가 잘 운영되었
다고 주장하기는 어려울 것이다. 군주가 주체이긴 하지만 스물일곱
명의 군왕들 가운데 세종과 정조 등 몇몇을 제외하면 똑똑하고 리더
십이 뛰어나 국가경영을 성공적으로 이끌었다고 볼 수 있는 왕들이
많지 않기 때문이다.

또한 조선의 국가경영 시스템 덕분이라고 말하기도 어렵다. 제도
가 아무리 우수해도 사람이 잘못 운영해 실패한 경우를 너무나 자주

봐왔기 때문이다.

그렇다면 조선 왕조 500년을 주도적으로 끌고 간 결정적 주체는 누구인가?

필자가 독자 여러분께 주목해달라고 말하고 싶은 것이 바로 이 부분이다. 조선은 군왕으로 대표되는 군주 중심의 체제였지만 사실상 국정을 운영하고 견인해간 주체는 참모들이라는 이야기를 하고 싶은 것이다. 군주의 경영철학을 잘 받들고 전국의 말단 조직에 이르기까지 소통을 원활하게 하며 여론의 향배를 제대로 살펴 나라를 온전하게 운영해간 참모들 덕분에 조선은 500년 동안 왕조를 유지할 수 있었다는 말이다.

필자가 2년 전 집필한 『조선의 킹메이커』가 나라를 세우고 틀을 만들어간 기획자적 영웅들에 초점을 맞춘 것이라면 이번에 소개하는 여덟 명의 참모들 이야기는 국가의 전문경영자들에 초점을 맞추고 그들이 보여준 빼어난 리더십을 살펴보았다는 것이 특징이다.

이들은 주로 세우기보다 지킨 쪽이요, 새로 만들고 틀을 세운 기획자라기보다는 나라의 혼란을 수습하거나 국가경영의 안정적 시스템을 이룩하는 데 성공한 참모들이라는 것이다. 한마디로 이들은 시대의 모범과 표준을 제시한 리더 중의 리더이다.

새로 선보이는 여덟 명의 참모들에게는 한 가지 공통점이 있다. 그것은 이들 모두 가문 배경이나 선천적 재능에 의존하기보다는 스스로 운명을 개척하며 갖은 어려움을 극복해내고 지도자로 우뚝 섰다는 점이다.

특히 여덟 명의 참모들의 삶을 자세히 살펴보면 대부분이 유배와 파면은 물론 장을 맞고 옥에 갇혀 국문을 당하는 등 쓰라린 경험을 가지고 있다. 이들은 이러한 좌절을 이겨내고 비로소 임금과 조정, 동료와 백성들의 두터운 신임을 얻었던 것이다.

이들이 선보인 리더십은 저마다 다르지만 이들은 '위기가 곧 기회'라는 긍정적인 생각과 특유의 배짱으로 고난을 딛고 일어나 자신의 역할을 기꺼이 수행함으로써 역사에 길이 이름을 남겼다. 이들이 보여준 투지와 열정은 위기에 쉽게 주저앉고 마는 현대인들이 교훈으로 삼기에 충분할 것이다.

예컨대 맹사성의 경우, 고려 말 충신이던 조부와 부친이 두문동으로 들어가면서까지 조선에 충성하는 것을 거부했으나 그는 정작 가문의 원수인 조선 왕조에 충성하고 정승까지 지냄으로써 평생 동안 짐을 안고 살아야 했다. 이 때문에 그는 심적 부담과 가문의 실패를 극복하기 위해 일생을 비정치적 처신으로 일관하며 온유하고 절제된

삶으로 자신을 낮추었다. 성군 세종을 곁에서 보필한 그는 세종의 소프트웨어 부문을 책임지고 조선 전성기의 문화정치를 이끌어내는 데 크게 기여했다.

이준경은 사화로 인한 멸문지화의 위기에서 구사일생으로 살아남아 극한의 좌절을 딛고 일어선 입지전적 인물이다. 그는 급진 개혁의 피로감을 잘 알고 있었기에 숱한 난제로 얽힌 국정을 신중하고 점진적 개혁으로 이끌며 타협과 중용으로 나라를 안정시켰다. 명종이 후사 없이 승하해 조정이 혼란에 휩싸였을 때, 선조를 후사로 세워 혼란을 바로잡았고 국방 개혁과 도덕성 회복을 주장하며 국가 시스템을 개조하기도 했다. 또한 그는 임진왜란과 당쟁의 폐해를 정확하게 예측해 후세 사람들을 놀라게 했다.

이황은 어릴 적부터 병약하고 예민했으나 이를 딛고 일어나 벼슬보다 스스로 몸과 마음을 닦아 선비의 모범을 보여준 청빈한 리더였다. 그는 34세 때 벼슬을 시작해 70세를 일기로 사망할 때까지 조정에서 140여 직종에 임명되었으나 무려 일흔아홉 번이나 사퇴하는 무욕의 리더십을 보였기에 사대부들 사이에서 적잖은 비난까지 받았다. 하지만 이황은 자신의 모습을 통해 선비들이 권력과 명예를 좇기보다는 도덕성과 내면 수양부터 실천해야 한다는 점을 몸소 보여준 것이다. 그가 은퇴 후 임금에게 올린 『성학십도聖學十圖』는 군주가 걸어갈 길을 그림과 글로 담은 그의 마지막 역작이다.

이원익은 몰락한 왕손의 후예로 너무 먹지 못하고 자주 아픈 데다 키도 작고 볼품없었다. 그는 이런 결함을 딛고 일어나 일인지하 만인지상의 자리에 올랐다. 키가 작은 탓에 늘 남을 올려다보며 말했으나 누구도 그 앞에서 고개를 들고 말하지 못할 정도로, 그의 인품과 덕행은 드높았다. 그는 임진왜란 때 선조가 피란을 의논하자 왕으로서 적절하지 못하다고 지적한 지조 있는 신하였으며 한평생 전쟁터를 돌며 왜적과 싸우고, 고통받는 백성과 군사를 위로하고 민심을 수습한 현장의 해결사였다. 또한 그는 세 군주를 섬기며 정승을 지냈지만 죽어서 관 하나를 마련하지 못할 정도로 청빈한 삶을 살았던 충신으로 조선 청백리의 표준이 되었다.

이항복은 임진왜란 당시 선조를 모시고 다니며 온갖 풍상을 겪었다. 그러나 그는 아무리 어려운 상황에 처하더라도 웃음을 잃지 않았다. 이항복의 상대는 명나라의 고집 센 장수들과 눈에 핏발이 선 피란민, 관료적 고집으로 똘똘 뭉친 사대부들이었다. 그는 그들을 껴안고 전란의 고통을 해학과 충성으로 보듬어 안았다. 백성을 배려하고 아끼며 그들과 함께 울고 웃었다. 중풍에 걸려 불편한 몸으로도 광해군에게 직언했고, 그 결과 유배지로 쫓겨나 최후를 마쳤지만 그는 그곳에서조차 후학을 가르치며 나라의 앞날을 걱정한 진정한 충신이었다.

김육은 젊은 시절, 조정의 미움을 받아 숯을 구워 팔아 생계를 꾸려가야 할 정도로 빈한한 삶을 살았다. 이 오랜 칩거 기간 동안 그는 백성들의 곤궁한 삶을 직접 체험했다. 인조반정 이후 복권된 그는 평생 동안 대동법의 실현을 위해 몸 바친 집념의 공직자로 널리 이름을 알렸다. 왜란과 호란으로 난장판이 된 국토를 재건하고 나라 살림과 백성의 곤궁한 삶을 구제하는 유일한 해결책은 대동법밖에 없다는 것이 그의 소신이었다. 위기의 조선 정국을 경제 활성화로 수습한 그는 조선의 부도를 막은 조선 최고의 경제 관료였다.

최석정은 명문 사대부 집안 출신으로 영의정을 여덟 번이나 지내며 정적들과 수없이 부딪쳤지만 한 번도 얼굴을 붉히거나 목소리를 높이지 않았다. 그는 조부 최명길에 대한 사대부들의 비난과 모함으로 극심한 정체성의 혼란을 겪었지만 이런 어려움을 극복하고 출사해 숙종을 보좌하며 사화와 당쟁으로 얼룩진 조정을 원만하게 이끌어나갔다. 이념을 던져버리고 민생에 전념하면서 실용주의를 선택한 그는 끝까지 외유내강의 공직자 처신을 잃지 않았다. 또한 그는 중인들이 공부하는 수리학에 관심을 갖고 독특한 마방진을 만들어냈는

데, 이 마방진은 세계 최고 수준의 수학적 가치가 있음이 후대에 밝혀졌다.

마지막으로 박규수는 역사적으로는 가장 최근의 인물이다. 그는 효명세자의 신뢰로 출세가 보장된 신진 관료였으나 효명세자의 갑작스런 죽음으로 20년 가까이 칩거하며 자신을 추슬러야 했다. 늦은 나이에 조대비의 배려로 출사한 그는 대동강으로 들어온 미국 상선을 격침시키는 등 격동의 현장에 있었으나 시대의 변화에 눈떠 개화와 개국을 주장, 변화의 전면에 나섰다. 조선의 개화를 둘러싸고 흥선대원군과 맞서며 정쟁의 조정자를 자처하던 그는 뜻을 이루지 못하자 사랑방에서 인재를 교육하며 구한말의 개화파를 길러냈다. 그는 일급 문장가이자 금석문에 조예가 깊은 학자였으며 시대의 변화를 적극 수용하며 과도기의 조선을 온몸으로 지켜낸 경세가였다.

이 글은 이 같은 여덟 명의 참모들이 고난을 극복하며 어려움에 처한 나라를 이끌어간 시대정신을 필자의 시각으로 재정리한 것이다. 고난을 극복한 이들의 눈물겨운 이야기와 참모로서의 처세술과 리더십은 위대한 인물은 철저하게 갈고 닦는 과정을 통해 탄생한다는 것을 보여준다. 물론 이들도 단점이 없지 않지만 장점에 비해서는 사소한 것들이다.

아무리 뛰어난 리더라도 혼자서 모든 일을 해낼 수 없는 것이 복잡한 현대 사회의 특징이다. 유능한 참모 한 사람을 얻는 것은 곧 나라와 조직과 사업의 성패를 좌우하는 중요한 일이 되었다.

훌륭한 인재가 되고 싶고, 탁월한 참모를 얻고 싶은 독자들에게 이 책의 일독을 권한다. 더불어 역사책을 좋아하는 독자들께 즐거움을 선사할 수 있기를 간절히 소망한다.

2010년 4월

청랑 박기현

차 례

【1】

고불古佛 **맹사성**孟思誠

두 왕조를 섬긴 자괴감을
문화예술로 꽃피우다

살아남기 위해 선택한 온유의 리더십

맹
사
성

망국 고려의 충신들은 '굶어 죽을지언정 새 왕조에는 충성할 수 없다'는
단호한 결단을 보였다. 두문동 72현이 그랬고 맹사성의 조부 맹유孟裕가
이에 동참했으며, 부친 맹희도孟希道 역시 벼슬을 그만두고 칩거에 들어
갔다. 이에 반해 맹사성(1360~1438년)은 조부와 부친이 걸어간 충신의 길
을 버리고 조선에 출사해 자신의 명예와 가문의 영광을 지켰다.

조선의 대학자이자 문장가인 권근이 초야에 묻혀 있던 맹사성을 적극
권면하고 추천해 조정에 출사토록 한 것이다. '조선의 미래를 짊어질 만한
천재'라는 것이 그의 추천 이유였다.

고려 조정에서 실력 있는 인재로 촉망받던 맹사성은 세종 대에 좌의정
까지 오르는 등 성공적인 삶을 이루어냈다. 하지만 그는 자신의 선조가
반대한 새 왕조에 출사했기 때문에 적잖은 고민과 방황을 겪어야 했다.
고려를 버리고 조선을 택한 변절에 대한 속죄감이 한평생 그의 가슴을 짓
눌렀기 때문이다.

맹사성은 왜 충신불사이군忠臣不事二君의 도리를 저버리고 새 왕조에
출사했을까? 역사의 말을 갈아탄 맹사성은 어떤 고민을 안고 살아갔을까?

망국 고려와 새 왕조 조선
사이에서 좌절을 곱씹다   고려의 충신 최영은 이성계의 위
화도 회군 이후 실각하고 고향땅
으로 유배되었다가 1388년 12월 개성 순군옥에서 참형을 당했고, 이
듬해 12월 우왕과 창왕도 죽음을 당했다. 또한 고려의 마지막 충절
정몽주는 1392년 4월 선죽교에서 참살당하고 말았다. 고려를 대표하
는 두 충신과 군주의 죽음으로 고려는 망국으로 치달았다.

맹사성은 이러한 역사의 격변기에 고려 왕조의 관료로 녹을 먹으
며 망국의 한을 곱씹어야 했다. 이 피비린내 나는 사건을 그는 어떻
게 받아들였을까? 최영은 처조부였고 정몽주는 아버지 맹희도의 절
친한 친구였다. 또한 우왕은 맹사성이 직접 섬기던 군주였다. 어느
누구도 모른다고 할 수 없는 가까운 사이였다.

사실 맹사성은 우왕 12년(1386년)인 27세 때 문과 시험에 장원급제해 예문춘추관 검열로 고려 조정에 출사했고, 33세 때에는 우헌납에 올랐다. 정5품에 해당하는 요직의 관료로서 그는 가문의 원수인 이성계와 이방원의 폭거에 마땅히 저항해야 했다.

조부 맹유가 두문동으로 들어가 목숨을 버렸고 아버지 맹희도 역시 벼슬을 던지고 낙향했으니 맹사성도 조선에 항거하는 모양새라도 취해야 하지 않았을까?

그런데 다 기울어가는 망국 고려에서 신진세력 이성계의 지휘를 받으며 관직의 끈을 끝까지 잡고 있던 맹사성은 1392년 조선이 건국하자 비로소 벼슬을 버렸다.

전 예문관 학사 이행이 우왕과 창왕을 죽인 이는 이성계라고 사초에 적어 국문을 받고 귀양 간 것에 비해 맹사성은 벼슬을 버리고 칩거했으니 오히려 몸을 사린 볼썽사나운 모습이었다. 그로부터 수 개월간은 맹사성에게 큰 위기가 닥친 시기였다.

맹사성으로서는 조부와 부친의 항거, 최영과 정몽주의 죽음에 반발해 두문동에 들어가 칩거하는 것이 옳은 처신이었다. 하지만 그는 시기를 놓치고 말았고, 그사이 가문은 풍비박산 나고 있었다.

맹사성은 '이제라도 새 왕조에 출사할 것인가, 칩거를 계속하며 마지막 자존심을 지켜야 할 것인가'를 놓고 많은 후회와 고민을 거듭했을 것이다. 그러던 그에게 부친 맹희도가 서신을 보내왔다.

"언제까지 그렇게 좌절한 채 넋을 놓고 있을 작정이냐. 너까지 그렇게 좌절하고 있을 수는 없는 일 아니냐. 이미 고려라는 나라는 이 땅에서 없어졌으니 마음을 굳게 다잡고 새로운 왕조에서 일하는 것을 생각해보아라. 마침, 네가 어렸을 적부터 너를 극진히 예뻐하던 내 후배 권근이 새 조정에서 중책을 맡은 모양이더구나. 너의 안부를 묻고 귀한 재주를 썩히는 것을 안타까워하며 출사를 권하고 있으니 내 말을 듣고 조선 왕조에서 새로운 인생을 펴거라. 나라보다 더 중요한 것은 백성이니라. 네게는 또 몰락한 가문을 이어가야 할 책임도 있음을 잊지 마라. 고려에 충성한 것은 할아버지와 나로 충분하다고 생각하면 될 일이다."

누구보다 효성이 깊은 맹사성은 아버지의 권유를 받고 드디어 출사를 결심했다. 수개월의 고민과 방황을 접고 새 왕조로 나아가야겠다고 마음을 굳힌 것이다. 사대부로서 자신의 변절을 정당화할 수는 없었으나, 가문의 원수 때문에 출사를 포기하는 것보다는 가문을 일으키라는 아버지의 권고는 그에게 새로운 희망을 불어넣어 주었다. 특히 그는 스승 권근이 이끌어주는 길이라면 따를 만하다고 생각했다.

권근은 성리학자로 문장과 경학, 관료의 길을 성공적으로 걸어간 조선의 대학자였으며, 맹사성의 아버지 맹희도의 후배이기도 했다. 그는 다섯 살밖에 안 된 맹사성이 천자문을 줄줄 외우는 모습을 보고 반해 스스로 이 어린 천재를 잘 가르쳐보겠노라고 말했을 정도로 맹사성을 귀여워했다. 어린 맹사성은 타고난 재능과 더불어 스승 권근의 적극적인 가르침을 받아 생원 초시와 복시를 마칠 수 있었다.

맹사성이 마음을 바꾸자 조선 왕조는 그에게 수원 판관 자리를 내주었다. 맹사성으로서는 단번에 중앙 관료로 들어가는 것보다 외직에서 형편을 살펴보는 것도 좋은 일이었다.

당시 이성계는 고려 신하들의 충성과 순복이 절실하던 차였다. 게다가 맹사성은 고집불통 두문동 72현의 자손이기 때문에 아직까지 조선에 복종하지 않는 이들에게 좋은 본보기가 될 터였다.

맹씨와 최씨 집안, 기이한 인연을 맺다

맹사성은 공민왕 9년(1360년) 송도에서 태어났으며, 그의 자字는 자명自明이요, 호號는 고불古佛이다. 그가 대단히 뛰어난 인재라는 사실은 틀림없으나 뿌리 없는 인재는 없는 법이다. 그의 가족사를 살펴보면 맹사성을 탁월한 인재로 키워낸 가문적 배경이 존재했음을 알 수 있다.

맹사성의 어머니는 흥양 조씨로 맹희도와 일찍 결혼했으나 남편의 과거 준비 때문에 같이 살지 못했다. 맹희도는 포은 정몽주와 함께 과거 공부를 하고 있었다.

동문수학한 정몽주는 공민왕 8년(1359년) 문과에 급제했고 맹희도는 1년을 더 공부해야 했다. 그런데 맹희도가 과거 공부에 매진하고 있을 때 부인 조 씨는 잠을 자다가 '뜨거운 태양을 삼키는' 이상한 꿈을 꾸었다.

꿈이 너무 신기해 그녀는 시어머니에게 자신이 꾼 꿈을 이야기했고, 시어머니는 남편 맹유에게 이 이야기를 전했다. 당시 이부상서 자리에 있던 맹유는 며느리의 꿈 이야기를 듣고서는 범상한 꿈이 아니라는 생각이 들어 아들 맹희도를 급히 불러들였다. 영문도 모르고 달려온 아들과 며느리는 그날 합방을 했고, 1360년 7월 17일 맹사성이 태어났다고 전한다.

맹사성이 권근에게서 학문을 배우고 과거에 급제하던 시기는 고려의 정치적 격랑기였고, 원과 명이 정권 교체를 하는 등 국제적 혼란기였다. 이러한 왕조의 교체기에 사대부들은 고려든 조선이든 양자 간에 충성을 선택해야 했으며 그 선택으로 인해 목숨이 좌우되기도 했다.

그런데 맹사성의 조부 맹유는 78세 되던 해 이성계가 혁명을 일으켜 조선을 창업하자 울분을 참지 못하고 반기를 들어 경기도 개평군 광덕면 광덕산 기슭의 두문동으로 들어가 버렸다. 결국 그는 두문동에서 세상을 떠났다.

맹사성의 아버지 맹희도 역시 고려의 망국과 함께 두문동에 숨어 있다가 충청남도 서천으로 피신했다. 그 역시 고려의 충신이 새 왕조에 충성할 수는 없다고 여겼다. 특히 절친한 정몽주가 비참하게 살해되고 고려 충신들이 숙청당하는 모습을 지켜본 그로서는 새 왕조에 출사하는 것은 생각할 수도 없는 일이었다.

새 왕조 조선이 자리를 잡고 세상이 어느 정도 평안해지자 맹희도
는 최영이 살았던 빈집(현재의 충청남도 아산)으로 이사해 생계를 꾸려
나갔다.

맹씨와 최씨 집안은 대대로 인연이 깊었다. 일찍이 그들은 한동네
에 살았으며 맹사성의 부인이 바로 최영의 손녀였다. 이와 관련된 야
사가 전해오는데, 최씨 집안과 맹씨 집안이 사돈을 맺게 되는 이야기
이다.

최영의 집 앞에는 배나무가 몇 그루 있었는데, 이 배나무 밭은 어린 맹사
성이 놀기에 매우 적합한 곳이었다. 하루는 최영이 낮잠을 자다가 용 한
마리가 배나무 꼭대기에서 용트림을 하며 승천하려고 하는 꿈을 꾸었다.
그가 깜짝 놀라 깨어 문을 열고 내다보니 꿈에서 본 배나무에 한 아이가
올라가 놀고 있었다.

최영이 아이를 쳐다보며 물었다.

"거기 배나무에 올라가 있는 너는 뉘 집 자식인고?"

또렷한 이목구비에 똑똑하게 생긴 아이가 배나무에서 내려와 정중히
절을 하며 대답했다.

"아버지가 맹, 희 자, 도 자입니다."

수년 전 문과에 장원급제한 맹희도와 그의 아버지 이부상서 맹유는 누
구보다도 잘 아는 사이였다. 최영은 곧 맹유를 찾아가 꿈 이야기를 했고,
이것이 인연이 되어 후일 맹사성은 최영의 손녀딸과 결혼하게 되었다.

그러나 이 두 집안의 인연은 새 왕조의 등장으로 파국을 맞아 최영은 참형되었고 맹씨 집안도 무너져 내렸다. 맹사성은 이러한 두 집안의 인연과 학풍, 기개와 충성, 좌절과 울분을 한데 짊어지고 조선 왕조에 출사했던 것이다.

새 왕조에서
살아남는 방법을 고심하다

조부와 부친이 고려 조정에 충성을 바친 가문의 후손인 맹사성이 새 왕조에서 벼슬을 받는 것을 사람들은 어떻게 생각했을까? 변절이라고 보지는 않았을까?

맹사성이 조선에 출사하며 겪었을 심리적 갈등은 짐작하고도 남을 일이다. 그는 선조들이 보인 절개와 충성 대신 새 왕조에 나가 변화를 수용했다. 또한 몰락한 가문도 살려야 했다. 하지만 대의를 저버린 지조 없는 인물이라고 비판받게 될까 봐 두려웠을 것이다. 그는 새로운 질서 속에서 자신이 살아남을 수 있는 명분과 방법을 찾아야 했다.

'부러지지 않기 위해 내가 할 수 있는 유일한 대안은 무엇일까?'

수원 판관을 지내는 동안 맹사성은 고심에 고심을 거듭하다가 마침내 결론을 얻어냈다. 자신은 더 이상 정치와 이념에 매달리지 말고 비정치적 처신으로, 오로지 백성을 위해 일하고 자신을 낮추며 온화하고 부드러운 모습을 보이자는 것이었다.

'나라의 운영을 제대로 못 하고 백성들만 굶긴 고려의 충신들은 과연 무엇을 했는가? 절개를 지켜 부러진 충신이 되기보다는 덕과 질서를 세워 백성을 먹이고 살찌우는 정직한 조선의 관료가 되는 것도 괜찮지 않은가?'

생각이 여기에 미치자 맹사성은 새로운 힘을 얻었다. 더 이상 방황하지 않아도 되고, 부끄러워할 필요도 없었다.

때마침 맹사성은 중앙 관료로 불려 들어갔다. 그는 이미 작심하고 준비한 특유의 처세법을 활용할 준비가 되어 있었다.

'자신을 낮추되, 지극한 겸손과 절제로 대하라!'

이러한 온유한 자세는 맹사성이 지켜나갈 '맹사성 표 처신술'이었다. 그는 군주를 모실 때와 상하 좌우의 신료들과 대화를 나눌 때에도 결코 겸손과 온유, 절제와 조화를 잊지 않았다. 그것은 대인관계에서뿐만 아니라 일상의 삶에서도 마찬가지였다.

맹사성이 추구한 대인관계 소통방식은 윗사람에게는 정직하게 이야기하되 겸손을 지키고, 아랫사람에게는 정과 사랑을 담되, 자신이 먼저 모범을 보이는 것이었다. 그는 평생 이 원칙을 어기지 않으려고 애썼다.

맹사성이 문하부 낭사였을 때는 이런 일이 있었다. 그는 왕자의 난 이후 등극한 정종에게 인재 등용에 대한 임금의 도리를 겸손하게 설파하며 다섯 개의 조목을 개진했다.

"임금의 마음은 다스림을 내는 근원이므로 임금의 마음이 바르면 만사가 따라서 바르게 되고, 마음이 바르지 못하면 여러 사람의 욕심이 방사放肆(거리끼고 어려워하지 않음)하여집니다."

이런 말을 무뚝뚝하고 언짢은 표정으로 하면 한없이 건방지고 외람되게 비칠 수 있어 신하로서는 담아내기 어려운 표현이었다. 그러나

• 맹사성 초상 한평생 겸손과 온유함을 보여준 맹사성의 삶은 그의 얼굴에도 그대로 드러나 있다.

맹사성은 천하 국가를 가진 이가 어찌 그 마음을 바르게 하지 않을 수 있겠느냐고 군주를 추켜올리면서 할 말은 다 하는 유연한 자세를 보였다. 그는 윗사람의 심기를 건드리지 않고 대화하는 방법을 알고 있었던 것이다.

"전하의 마음이 광명정대하면 어리석은 사람이 섞이지 않고, 즐기고 욕심내는 것이 스스로 법을 흔들 수 없고, 참소하고 아첨하는 것이 스스로 나올 수 없을 것입니다. 그런 뒤에야 조정 백관이 감히 바로잡히지 않음이 없어 태평의 정치를 이룰 수 있을 것이옵니다. 엎드려 바라건대, 전하는 잠심潛心(깊이 생각함)하소서."

이렇듯 맹사성은 군주의 비위를 거스르지 않고 온화한 어투와 겸손한 자세로 말씀을 올려 정종의 특별한 신뢰를 얻어냈고, 거듭해 승진할 수 있었다.

태종, 맹사성의
충성심을 테스트하다

정종이 자신의 분수를 넘지 않으려 애쓴 온화한 임금이었다면, 태종 이방원은 카리스마 넘치는 절대 군주이자 때로는 폭군의 모습으로 신하들을 대해가며 조선 왕권을 정착시킨 강한 임금이었다.

태종은 망국 고려의 약점을 너무도 속속들이 알고 있었다. 외척, 사병, 귀족들의 권문세도, 군주를 넘어서는 사간들의 간섭이 왕권을 약화시켜 끝내는 나라가 망했던 것이다.

그 때문에 태종은 자신의 처남들까지 형장으로 보내는 등 다음 보위에 해가 될 존재들을 철저히 쳐냈다. 그는 세종에게 권좌를 넘겨주면서도 상왕으로서 군사권은 붙잡고 있을 정도로 철저하게 힘으로 왕위를 지켜냈다.

특히 태종은 망국 고려에서 일했던 신하들의 진심을 들여다보려고 애썼다. 그는 고려 왕조에 충성했던 신하들 중 황희를 왕세자 문제로 내쳤다가 다시 불러들였다. 그동안 태종은 황희의 변함없는 충성심을 눈여겨보고 있다가 60세에 이른 황희를 세종에게 직접 천거했던 것이다.

그러나 태종이 보기에는 맹사성이 문제였다. 도무지 그의 진심을 알 수가 없었다. 온화하고 부드럽긴 한데 그 밑바닥에 무엇이 숨겨져 있는지 알 길이 없었다. 특히 최영과 맹씨 집안의 절개를 익히 알고 있던 태종으로서는 맹사성의 충성심을 흔들어보고 됨됨이를 확인해볼 필요가 있었다. 마침 그 기회가 우연히 찾아왔다.

1408년 11월, 맹사성은 사헌부 대사헌이 되었다. 그의 나이 49세 때였다. 대사헌은 사헌부의 장관으로, 그 밑에 집의執義 한 명, 장령掌令과 지평持平 각 두 명, 감찰監察 스물네 명을 두고 그들을 감독하고 통솔하는 고위직이자 삼정승과 군주에게 직언을 통해 조정의 의견을 좌지우지할 수 있었으며, 수사권과 재판권까지 보유한 막강한 자리였다.

훗날 중종에게 개혁을 강권하다 좌초된 조광조趙光祖 역시 대사헌이었다. 자리가 자리이니만큼 환난이 끊이지 않기도 했다.

그 즈음 태종의 사위인 부마 조대림이 역모에 휘말리는 사건이 일어났다. 조대림은 개국공신이자 영의정인 조준의 아들로 실세 중의 실세였다. 하지만 그는 사람만 좋았지 좀 모자랐던 모양이다.

당시 관노 출신 목인해가 개국 때 태종을 섬겨 호군으로 벼슬을 하고 있었는데, 그의 부인이 부마 조대림의 집을 출입하는 여비였다. 그래서 목인해는 조대림의 집을 마음 놓고 드나들 수 있었다.

목인해는 영리한 데다 교활해 조대림이 군사를 동원해 반란을 일으킨다는 헛소문을 내고 이를 고변하기에 이르렀다. 그 틈을 타 출세하고 싶었던 것이다.

태종은 자신의 사위가 이런 역모에 끌려들어간 것이 믿기지 않았다. 태종은 조대림이 역모에 가담했는지를 소상히 추궁하고 사건의 전후를 파헤쳤으나 결국 그가 어리석어 목인해의 꼬임에 빠졌다는 사실을 알게 되자 그를 무죄방면토록 했다. 그러나 사헌부 수장 맹사성은 이 문제로 태종의 신뢰를 얻을 수도, 아니면 죽음에 이를 수도 있는 분수령을 맞게 되었다.

법대로 하자면 조대림은 형벌을 받아야 마땅하나 임금은 그를 무죄방면하라고 했다. 하지만 맹사성으로서는 그 명을 따르면 대사헌의 직임보다 임금의 눈치를 본다는 비판과 함께 권력 지향형 인물로 낙인찍힐 것이 뻔했다. 그렇다고 대사헌의 직임대로 처리한다면 태종의 성격으로 보아 죽음을 당할 수도 있는 절대적 위기였다.

그러나 맹사성은 죽음을 각오하고 원칙대로 조대림을 형벌에 처하기로 결정했다.

'군주에게 아부하는 길은 가까우나, 역사의 변절자로서 두 번씩이나 허리를 꺾으며 살 수는 없는 일 아닌가. 내가 이 위기의 때에 그나마 할 수 있는 일은 역사의 부끄러움을 면하기 위해서라도 깨끗하고 정직한 관료의 길을 걷는 것이다. 죽을 때 죽더라도 내 직분을 지킬 수밖에…….'

장 1백 대를 맞고
죽음 직전까지 이르다   사헌부 수장 맹사성이 부마 조대
림을 처벌하기로 했다는 보고를
받은 태종은 발끈했다. 맹사성의 충성심을 살필 절호의 기회였으며
사사건건 시비를 붙는 사헌부를 길들일 좋은 기회이기도 했으니 누
구보다 정치적인 군주인 태종이 이를 그냥 넘어갈 리 만무했다.

태종은 임금이 나서서 정리한 문제를 대사헌 등이 들고 일어난 것
은 왕권에 대한 도전이라고 천명했다. 말리고 나설 신하들을 미리 차
단하기 위한 조치였다. 태종은 맹사성을 엄벌하라고 지시했고, 때려
서 죽여도 좋으니 그냥 둘 수 없는 일이라고 하며 불같이 화를 냈다.

계속해서 매질을 당하고 고문을 받자 문신 출신의 유약한 맹사성
은 '모약왕실謀弱王室'이라는 거짓 진술을 하고 말았다. 모약왕실이란
'왕실을 약하게 하려고 일을 도모했다'는 뜻인데, 이마저도 맹사성의
자백이 아니라 공초에 미리 이 문구를 써놓고 맹사성이 인정하도록
한 것이었다. 태종은 일의 자초지종을 알고 있었지만 그가 꿈꾸던 왕
권 강화를 위해 이 사건을 확대했던 것이다. 이 기회에 태종은 차기
임금에게 도전이 될지도 모를 미심쩍은 신료들을 잡아놓아야겠다고
마음먹었기 때문이다.

태종은 맹사성에게 사형을 선고했다. 일이 지나칠 정도로 빠르게
확산되어 맹사성이 죽음에 이르게 되자 사태의 추이를 지켜보던 노
정승과 신료들까지 달려들어 이 문제를 진화하려 했다. 특히 병석에

• 한산향교 태종은 신하들의 사면 요청을 받아들여 맹사성의 극형을 거두어들였다. 맹사성은 장 1백 대를 맞고 이곳으로 유배되었다. 충청남도 서천군 한산면 소재.

누워 있던 길창부원군 권근이 여(가마)를 타고 들어와 임금에게 맹사성의 죄를 사해달라고 요청했다. 한번 스승은 영원한 스승이었으니 맹사성으로서는 천군만마를 얻은 셈이었다. 권근의 요청에 태종의 마음이 다소 누그러졌다.

영의정 하륜도 입시해 맹사성을 감쌌고, 좌의정 성석린도 뜰에 나와 아뢰었다.

"맹사성은 모반한 것도 아니며 무고한 것도 아닙니다. 다만 공사에 실수한 것으로, 극형을 당한다면 정리에 맞겠습니까?"

신하들이 여러 가지 예를 들어 태종에게 아뢰니 태종도 "인주가 혼자서만 나라를 다스릴 수 없고, 경들도 어찌 나를 불의에 빠뜨리고자 하겠는가. 경들의 말을 따르겠다"고 했다. 고위 관료들이 모두 나와 눈물을 흘리며 맹사성을 두둔하고 사면을 요구해 간신히 문제를 가라앉혔던 것이다.

1408년 12일 맹사성은 극형만은 면하고 장杖 1백 대를 맞고 한주 (현재의 충청남도 한산)에 있는 향교로 유배되었다.

태종은 맹사성을 극형에 처할 마음까지는 없었으나 본때를 보여 관료들의 질서를 잡고자 한 것이었으며, 원로들이 말리고 나서자 그만하면 멈출 때가 되었다고 보고 명을 거두어들인 것이다. 태종으로서는 사헌부의 기강을 다잡은 정치적 승리였고, 아울러 맹사성의 인물 됨됨이를 떠본 것도 큰 수확이었다.

실제로 태종은 1409년(태종 9년) 8월 7일 맹사성에게 직첩을 도로 주어 외직으로 전근시켰으며, 같은 달 9일 쌀 스무 석을 하사했다. 또한 1411년(태종 11년) 12월 9일에는 맹사성, 유정현(대사헌), 이승상(형조판서) 등을 위해 잔치를 베풀어 고생한 맹사성을 위로했다. 맹사성은 태종의 이 테스트를 계기로 삼아 조선의 진정한 참모로 성장해나간다.

실록을 보려는
세종을 만류하다

태종은 자신의 테스트를 잘 이겨
낸 황희와 맹사성을 세종에게 적
극 추천하고 중용하도록 권고했다. 황희와 맹사성은 이때부터 남은
생애 동안 앞서거니 뒤서거니 하며 성군 세종을 보좌해 세종의 문화
정치를 이끌어낸다.

세종은 재위 12년(1430년) 4월 27일 좌의정 황희와 우의정 맹사성을
불러 아버지, 곧 태종의 실록을 감수하라고 지시했다. 이에 따라 1년
여에 걸친 작업 후 이듬해 3월 17일 춘추관에서 『태종실록』(전36권)을
편찬했다. 사흘 후 세종은 신료들에게 다음과 같이 말했다.

"내가 보기에는 전 대前代의 제왕들 중 선왕의 실록을 친히 보지 않
은 분이 없는 것 같다. 태종께서 『태조실록』을 보지 않으셨는데, 이때
하륜 등은 이를 보시는 것이 옳다고 말하고 변계량은 보시지 않는 것
이 옳다고 말하니, 태종께서는 변계량의 논의를 따랐던 것이다. 이제
『태종실록』을 춘추관에서 이미 편찬을 마쳤다 하니, 내가 이를 한번
보려고 하는데 경들의 생각은 어떠한가?"

이에 우의정 맹사성이 세종에게 고했다.

"이번에 편찬한 실록은 모두 좋은 말[嘉言]과 선정善政만이 실려 있
어 다시 고칠 것도 없으려니와 하물며 전하께서 이를 고치시는 일이
야 있겠습니까. 그러하오나 전하께서 만일 이를 보신다면 후세의 임
금이 반드시 이를 본받아서 고칠 것이며, 사관史官도 또한 군왕이 볼

것을 걱정하여 그 사실을 반드시 다 기록하지 않을 것이니 어찌 후세
에 그 진실함을 전하겠습니까."

『세종실록』 13년 3월 20일조에 따르면 세종은 맹사성의 말을 듣고
생각을 바꾸어 보지 않기로 마음먹었다고 한다.

세종은 맹사성의 이런 모습을 좋아했다. 할 말은 다 하지만 예의를
갖춰 온유한 화법으로 권고하는 맹사성의 강점을 세종은 사랑스럽게
여겼던 것이다.

특히 맹사성의 군주를 섬기는 태도는 실록에서도 엿볼 수 있듯이
마치 부모를 모시는 것처럼 정성스럽고 충성스러웠다. 일각에서는
그가 군주를 모심에 지나치게 겸양해 할 소리를 다 하지 못하고 과단
성이 부족했다고 평가하는데, 이는 모두 그의 온유함과 비정치적 소
신 때문이었다.

백성들, 야사를 통해
맹사성을 추억하다

맹사성은 평생을 온유하고 겸손
하며 청빈하게 살았고, 신분고하
를 초월해 사람 사귀는 것을 즐겨했다. 맹사성에게 전해오는 야사들
은 그런 사실을 뒷받침해준다.

19세의 어린 나이에 장원급제한 맹사성은 파주에 부임하자마자 그 고을

에서 제일 유명한 노선사를 찾아 자신의 실력을 뽐내고 싶었다.

맹사성은 이런저런 길을 물어 가까스로 노선가가 있는 곳으로 찾아갔다. 그런데 노선사는 방에서 나와 보지도 않고 보고 싶으면 들어오라고 일갈했다. 맹사성은 화가 나서 성큼 방으로 들어갔고, 인사를 하는 둥 마는 둥 하곤 곧바로 본론으로 들어갔다.

"스님, 이 고을을 다스리는 제가 마땅히 가져야 할 치민관의 도리는 무엇이라고 보십니까?"

"그런 어려운 걸 제게 다 물어보시다니…… 제가 뭘 알겠습니까?"

"그러지 말고 한 수 가르쳐주시오."

노선사는 한참을 생각하다가 재차 사양했다. 약이 바짝 오른 맹사성은 다시 대답을 재촉했다.

"굳이 물어보신다면 그건……."

노선사는 잠시 호흡을 멈추고는 맹사성을 한참 쳐다보다가 불쑥 이렇게 내뱉었다.

"그건 어렵다면 어렵고 쉽다면 쉬운 것인데…… 한마디로 하자면 나쁜 일은 하지 않고 착한 일을 많이 베푸시면 됩니다."

"예? 그런 쉬운 이야기를 하십니까? 그 정도야 삼척동자도 아는 이치 아닙니까?"

맹사성은 못내 불쾌해 자리에서 일어서려 했다. 그러나 노선사가 자꾸 차라도 마시고 가라며 그를 붙잡는 바람에 어정쩡한 모습으로 주저앉았다. 맹사성은 속으로 노선사의 무식함에 혀를 내둘렀다. 그런데 노 선사가 눈이 어두워서인지 찻잔이 넘치도록 차를 따르는 것이 아닌가?

혈기왕성한 맹사성은 노선사를 골려주고 싶은 마음에 한마디 했다.

"스님은 차를 따르는 것도 무척 힘들어 보이는구려. 찻물이 넘쳐서 방바닥을 다 적시겠소!"

그런데도 노선사는 여전히 찻잔에 차를 붓고 있었다. 맹사성이 기가 막혀 자리를 박차고 일어나려 하자 노선사는 강권하며 녹차나 마시고 가라며 다시 붙잡았다.

맹사성은 못 이기는 척 자리에 도로 앉으며 한마디 했다.

"스님, 찻물이 넘쳐 방을 다 적시겠소!"

노선사는 찻물이 넘치는 것을 알면서도 계속 따르며 말했다.

"사또! 찻물이 넘치는 것이 보이십니까? 그럼, 찻물이 넘쳐 방바닥을 망치는 것은 알면서 사또는 지식이 넘쳐 인품을 망치는 것은 어찌 모르십니까?"

맹사성은 노선사의 그 한마디에 정신이 번쩍 들었다. 노선사의 지적에 부끄럽기도 하고 놀라기도 한 그는 얼른 인사하고 나가다가 그만 낮은 문틀에 부딪히고 말았다.

"아이고!"

노선사는 빙그레 웃으며 말했다.

"사또, 고개를 숙이면 절대 부딪히지 않는 법이라오."

맹사성은 그날 이후 절대로 함부로 남을 업신여기지 않았으며, 임기가 끝날 때까지 그 노선사를 스승으로 모셨다.

이 이야기에서 맹사성은 19세 때 장원급제한 것으로 나오는데 사실 그는 27세 때 장원급제했으므로 무려 8년이나 차이가 난다. 또한 그는 수원 판관과 면천 현감, 공주 목사 등의 외직을 지냈으며, 50세가 넘어 지방에 잠시 나가 있었던 것이 전부였다. 그럼에도 이런 야사가 널리 퍼진 것은 맹사성의 겸손을 추앙하고 사모해온 서민들의 바람이 야사 속에 녹아 들어갔기 때문이다.

맹사성은 정승의 신분에도 늘 간소한 행차를 즐겼는데, 다음과 같은 야사도 전한다.

어느 날 양성陽城(현재의 경기도 안성시 양성면)과 진위振威(현재의 경기도 평택시 진위면)의 수령들이 맹사성이 내려온다는 소식을 듣고 장호원長好院의 어느 길옆에다 평상을 깔고 기다렸다. 그런데 한 노인이 그 앞을 유유자적하게 소를 타고 지나갔다. 수령들이 화가 나서 하인에게 불러 꾸짖으라고 하니, 맹사성이 하인더러 이르기를 "너, 가서 온양에 사는 맹고불孟古佛이라 일러라" 했다. 하인이 돌아와 "저 노인이 맹고불이라는 뎁쇼?" 했더니 두 고을 수령이 놀라 달아났는데 한 수령이 언덕 밑 깊은 못에 직인을 떨어뜨렸다. 후일 사람들은 그곳을 인침연印沈淵이라 불렀다.

『연려실기술燃藜室記述』「세종조상신편世宗朝相臣編」에도 맹사성과 관련된 일화가 등장한다. 그 유명한 '공당문답公堂問答'이다.

하루는 맹사성이 온양에서 서울로 올라가는 도중에 비를 만났다. 용인의 한 여원旅院에 들러 비를 잠시 피하는데 영남에 사는 선비가 이미 도착해 있었다. 그와 이런저런 이야기를 하다 보니 장기까지 두게 되었다. 비가 그치기를 기다리던 두 사람은 농으로 문답하는 말에 '공', '당' 하는 토를 넣기로 했다.

"무엇하러 서울에 올라가는공?"

"벼슬을 구하러 올라간당."

"무슨 벼슬인공?"

"녹사 시험 보러 간당."

"내가 합격시켜 줄공?"

"에이, 가당치도 않당."

며칠 후 맹사성이 의정부에 앉아 있는데 과거를 보고 온 이들이 인사차 왔다. 그 가운데 영남 사는 선비가 있었는데 그가 자신을 알아보지 못하자 맹사성이 그에게 농을 걸었다.

"과거 시험은 잘 보았는공?"

그 선비가 비로소 깨닫고 얼른 엎드려 말하기를 "죽어지이당" 하니 한자리에 있던 조정 관료들이 기이하게 여겨 맹사성이 그 까닭을 얘기하자 모두 크게 웃었다. 그리하여 그 사람을 녹사로 삼았고, 맹사성의 추천으로 여러 차례 고을의 수령을 지냈다.

이 일화에서도 맹사성은 서민적이고 백성의 마음을 잘 읽어내는 큰 인물로 묘사되고 있다. 백성들은 이런 야사와 일화에 나오는 온유한 맹사성을 통해 자신들의 뜻이 위로 잘 소통되고 받아들여지기를 간구했던 것이다.

최고의 문화행정가와 예술가로 우뚝 서다

맹사성은 뛰어난 학자이자 관료였을 뿐만 아니라 음악에도 조예가 대단히 깊었다. 그는 악기 연주를 즐기는 연주자였으며, 악기를 직접 만들기까지 했다.

특히 맹사성은 늘 소를 타고 다니며 피리를 즐겨 불었고 홀로 있을 때에도 피리를 자주 불었기 때문에 그가 집에 있는지 없는지는 피리 소리만 들으면 알 수 있었다고 한다. 현전하는 그의 유품 '전세맹고불유물傳世孟古佛遺物(중요민속자료 제225호)' 가운데 옥적은 피리의 일종으로 백옥으로 만들었으며 그가 평소에 즐겨 불었던 것이다.

효종 대에 김육이 엮은 『해동명신록海東名臣錄』에는 맹사성이 음률을 잘 알아서 일찍이 피리 하나만 가지고 날마다 서너 곡조씩 불었으며, 문을 잠그고 손님을 맞지 않다가 일을 아뢰면 다시 문을 열어줄 정도로 음악에 심취했다고 기록되어 있다.

당시 조정 안에도 맹사성이 음악에 조예가 깊다는 소문이 나 있었다. 1412년 5월 3일 영의정 하륜은 태종이 악보樂譜에 밝은 맹사성을

• 백옥적 맹사성은 예술에 뛰어난 재능을 보였는데, 특히 음악에 조예가 깊었다. 백옥적은 당시 맹사성이 즐겨 불었던 것이라 전한다. 개인 소장.

풍해도(현재의 황해도 일대) 관찰사에 임명하자 이를 반대하고 나섰다.

"나라의 악보가 다 없어지고 사라진 형편입니다. 오직 맹사성만이 악보에 밝아 오음五音을 잘 어울리게 하는데 그가 지금 감사의 임명을 받아 풍해도로 가게 되었으니, 원컨대 머물러 악공樂工을 가르치게 하심이 어떨지요?"

이에 태종은 "관직이 교대되기를 기다려 바야흐로 악곡을 가르치도록 허락하겠다"고 했다. 임금도 맹사성에게 조선 음악의 정비를 맡기고 싶었던 것이다.

태종의 뒤를 이은 세종은 문화정치를 구현한 군주가 아닌가. 그는 조선의 문물을 정비함에 있어 먼저 언어와 역사, 음악을 정비하려고 했다. 그중 음악은 박연朴堧과 맹사성에게 그 중임을 맡겨 향악鄕樂과 아악雅樂부터 정비하도록 했다.

향악은 삼국시대부터 전해 내려오는 우리 고유의 음악인 반면 아악은 의식을 위해 중국에서 들여온 음악이었다. 세종은 이것을 정비하고 싶어 했다. 원래 조선 초의 향악은 새로 창업한 조선 왕조의 당위성과 새 왕조를 찬양하기 위한 신악新樂 제정사업의 일환으로 활성화되었다. 이때의 음악은 대부분 고려조에서부터 전승된 향악에서 비롯된 것이라 향악 자체의 전통성에는 큰 변화가 없었는데, 세종이 이를 변화시키고 발전시키려 한 것이다.

이미 박연은 불완전한 악기 조율調律의 정리와 악보편찬의 필요성을 상소해 허락받았으며, 조정의 조회 때 사용하던 향악을 폐하고 아악으로 대체하게 하는 등 궁중 음악을 전반적으로 개혁한 바 있었다.

그러나 세종은 중국 음악으로 편향되지 않은 조선만의 음악과 소리, 악기가 있어야 한다는 입장이었다. 당시 조선의 음악은 체계가 잡혀 있지 않은 데다 중국의 것을 모방하는 데 급급했기 때문이다. 세종은 박연이나 신진 인사들이 조선의 음악을 발전시키기보다는 중국의 음악을 모방하려 든다고 보았던 것이다.

세종은 아악을 기본으로 하되 향악도 높은 수준으로 끌어올려 널리 쓰게 하려는 의도를 갖고 있었다. 세종은 향악의 확산을 염두에 두고 맹사성에게 이렇게 당부했다.

"박연, 정양鄭穰은 모두 신진 인사들이라 오로지 그들에게만 의뢰할 수 없을 것이니, 경卿(맹사성)은 유의하라."

세종과 박연의 중재, 아악과 향악의 중재를 맡은 이가 바로 맹사성이었다.

음악의 예를 제대로 갖추는 것은 조선 건국의 정당성을 확보하고 이를 대내외와 백성들에게까지 알리는 작업의 일환이었다. 새로 건국된 나라들이 앞선 국가의 역사서를 서둘러 편찬하는 것도 같은 맥락이다. 역사서를 내고 음악을 정비해 예와 제도를 갖추는 것은 건국 초기 군주들이 반드시 해야 할 중요한 임무였다.

맹사성은 이 임무를 받들어 조선 초기 음악과 관련된 모든 제도와 예를 정비했다. 실록에도 음악과 관련해 십여 차례 이상 맹사성의 이름이 나올 정도이다.

세종 11년(1429년) 6월 24일 맹사성은 70세의 나이에 세종에게서 궤장을 하사받으며 격려의 교지를 받았다. 그는 이듬해 아악보를 완성했고, 다시 1431년에 『태종실록』을 편찬한 공로로 좌의정이 되었다. 73세 때인 1432년 정월 그는 조선 왕조 최초의 지리책인 『신찬팔도지리지新撰八道地理志』를 편찬했는데, 이는 그가 해낸 큰 업적 가운데 하나였다.

현재 전해지는 본本이 없어 그 내용을 자세하게 알 수 없지만 『신찬팔도지리지』는 조선 인문지리학의 학문적 체계를 세우는 데 크게 기여했고, 이후 제작된 조선시대의 모든 지리지의 실질적 바탕이 되었다. 또한 세계 지리학사에도 이름이 날 쾌거였으며, 조선의 지리학이 과학적인 인문지리학으로 발전하는 첫 번째 단계였다고 평가받고 있다.

효자와 청백리로
길이 이름을 남기다

조선에서 청백리로 뽑힌 이들은 그리 많지 않다. 다산茶山 정약용 丁若鏞은 『목민심서』 「율기 청심조」에서 "이조 건국 후부터 정조 때까지의 기록을 살펴보면 태조에서 성종 사이에 45명, 중종에서 선조 사이에 37명, 인조에서 숙종 사이에 28명, 총 110명의 청백리가 나왔다. 그동안 벼슬자리에 있었던 사람이 수천수만을 헤아리는 중에 110명뿐이란 실로 혜성적 존재이며, 염결(청렴과 결백)을 지키는 어려움을 입증하는 것이다"라고 했다.

이처럼 조선에서 청백리라는 이름을 얻을 수 있는 엄격한 기준에 적합한 인물은 많지 않았다. 맹사성을 조선 최고의 청백리라고 해도 지나치지 않은 것은 그의 일생이 결벽하리만큼 청렴했기 때문이다.

맹사성은 관직에서 번 돈으로 식량을 사 먹었으며 결코 다른 수입을 꾀하지 않았다. 그는 식량을 사고 남은 녹봉을 굶주리는 백성들에게 나누어주었고 자신은 집 한 채 제대로 갖추지 못했다. 서울에 있던 집도 빌린 집이라는 이야기가 전한다.

현재 충청남도 아산시 배방면 중리에 있는 '맹씨행단(사적 109호)'도 최영의 집을 물려받은 것이다.

맹사성의 집은 청렴 거사의 집답게 턱없이 비좁고 허술했다. 그가 우의정으로 일하던 어느 날 병조판서가 찾아왔다. 두 사람이 국사를 의논하고 있는데, 느닷없이 소낙비가 쏟아지자 비가 새어 가구와 살림살이가 모두 젖었다. 병조판서는 우의정이 비가 새는 집에 사는 것을 보고 부끄러워 자기 집 행랑채를 부수고 행랑 식구들을 내보냈다고 한다.

또한 맹사성은 효성이 지극해 자주 온양으로 부친을 뵈러 갔는데, 그때마다 하인 하나만 데리고 소를 타고 왕래했을 정도로 겸손하고 청렴했다. 판서까지 지낸 그가 마음만 먹으면 편히 갈 수 있는 길을 스스로 절제하고 삼갔으니 그것 자체가 후대의 공직자들이 본받을 일이다.

맹사성은 솔선수범하는 모습과 극진한 효성으로 백성들의 칭송 대상이 되었다. 그를 보지 못한 당대의 사람들도 그의 소문만 듣고 그를 만나보고 싶어 했다.

맹사성은 10세 때 어머니를 여의었다. 『동국신속삼강행실』을 보면 그는 어머니가 세상을 떠나자 7일 동안이나 물과 음식을 먹지 않았으며, 3년상을 치르는 동안에도 고기를 피하고 죽만 먹고 여막에서 살며 어머니를 그리워했다.

맹사성의 이러한 효성은 전국에 알려졌고, 다음과 같은 일화가 전하기도 한다.

모친의 무덤 앞에 잣나무를 심어놓았는데 어느 날 멧돼지가 나타나 다 파헤쳐놓았다. 맹사성이 통곡하며 슬퍼했는데 그다음 날 멧돼지가 호랑이에게 물려 죽었다. 사람들은 맹사성의 효성이 호랑이를 감동시킨 것이라고 했다.

• 맹씨행단(아래)과 세덕사(위) 맹사성은 평생을 청렴결백하게 살았다. 맹씨행단도 원래 최영의 집이었다. 행단 뒤 높은 곳에 가묘인 세덕사를 배치했는데, 이곳에는 맹사성과 그의 조부 그리고 부친의 위패가 봉안되어 있다. 충청남도 아산시 배방읍 중리 소재.

맹사성은 고향에 있는 노부老父의 병간호를 위해 사직하려고 했으나 임금은 윤허 대신 역마驛馬와 약을 하사했다. 그는 호조판서가 된 뒤 다시 사직을 청했고, 태종은 1417년 12월 3일 그를 충청도 관찰사로 전근 발령을 내렸다. 부친(당시 83세)의 병이 위독하다는 소식을 듣고 맹사성을 온양 근처로 보냈던 것이다.

이토록 맹사성은 조정에 있으면서도 늘 홀로 남은 부친의 건강을 염려했으며 그때마다 소를 타고 부친을 뵈러 다녔기에 소타는 판서라는 별호를 얻었다. 맹사성의 부친은 1418년 8월에 세상을 떠났다. 나라에선 효자정문을 세워 맹사성의 효성을 널리 알렸다.

1431년(세종 13년)에 집현전 부제학 설순 등이 왕명으로 저술한 『삼강행실도』에는 맹사성과 그의 아버지 맹희도가 나란히 들어 있어 부자간의 따뜻한 정리를 짐작하게 해준다.

최선을 다한 후 물러나야 할 때를 알다

맹사성은 진퇴가 확실한 인물이었다. 1431년부터 4년간 그는 좌의정으로서 세종의 왼팔이 되어 세종이 문화정치를 펴는 것을 도왔으나 1435년(세종 17년)에는 자신의 나이가 많아 기억하는 것이 흐려지고 몸이 불편해 국사와 왕을 더 받들지 못한다고 하며 사직을 청했다. 당시 그의 나이 76세였다.

많은 관료들이 물러날 때를 잘 선택하지 못해 말년에 피곤한 삶을 살거나 욕을 먹고 불명예 퇴진하는 경우와 달리 맹사성은 자신의 분수를 잘 알고 있었다. 이렇듯 맹사성은 욕심을 부리지 않고 명예롭게 퇴진했으나 세종과 조정 신료들은 나라의 중요한 일이 있을 때마다 그에게 자문을 구했고 그는 성실하게 답변해주었다고 전한다.

벼슬을 그만둔 맹사성은 고향이나 다름없는 온양으로 내려가 평범한 서민이 되었다. 그에게 남겨진 것이라고는 고택 한 채와 흰 피리 하나, 값나가지 않는 몇몇 유물들뿐이었다. 그는 이 시절 「강호사시가江湖四詩歌」를 지어 자신의 심정을 알렸다.

강호에 봄이 찾아오니 절로 깊은 흥이 돋는구나
막걸리를 냇가에 앉아 마시는데 싱싱한 물고기가 안주로다
이 몸이 이렇게 한가하게 지내는 것도 역시 임금의 은혜[亦君恩]로구나

강호에 여름이 찾아오니 초당에 일이 없이 한가하다
미덥게도 강의 파도는 바람을 보내나니
이 몸이 이렇게 시원하게 지내는 것도 역시 임금의 은혜로구나

강호에 가을이 찾아오니 고기마다 살이 붙어 가는구나
작은 배[小艇]에 그물을 실어 띄워놓고
이 몸이 이렇게 날을 보내는 것도 역시 임금의 은혜로구나

강호에 겨울이 찾아오니 눈의 깊이가 한 자가 넘는구나
삿갓을 비스듬히 쓰고 누역으로 옷을 지어
이 몸이 춥지 않게 지내는 것도 역시 임금의 은혜로구나

「강호사시가」는 말년을 한가롭게 살아간 맹사성이 임금의 은혜에 대한 감사의 마음을 표현한 국문학 사상 최초의 연시조로 널리 알려져 있다.

맹사성은 그로부터 3년 후인 1438년(세종 20년) 10월 4일 79세를 일기로 세상을 떠났다. 서울에서 신병을 치료하다가 죽었기에 그의 시신은 본가로 옮겨야 했다. 그런데 10월 5일 시신을 온양으로 운구하는 도중 갑자기 회오리바람이 일어 상여 앞에 놓인 명정銘旌(죽은 사람의 관직과 성씨 따위를 적은 기)이 하늘높이 떠서 경기도 광주군 광주읍 직리에 떨어졌다고 한다. 세종이 그 바람을 기이하게 여겨 그곳을 장지葬地로 쓰라고 해 온양으로 옮기지 않고 그 자리에 묻었다는 일화도 남아 있다.

실록의 기자는 맹사성의 죽음을 두고 그의 인간 됨됨이를 이렇게 기록했다.

맹사성의 사람됨이 조용하고 간편하며, 선비를 예절로 예우하는 것은 천성에서 우러나왔다. 벼슬하는 선비로서 비록 계제階梯(벼슬의 차례)가 얕은 자라도 그를 만나고자 하면, 반드시 관대冠帶를 갖추고 대문 밖으

로 나와 맞아들여 상좌에 앉히고, 물러갈 때에도 역시 몸을 구부리고 손을 모으고서 가는 것을 보되, 손님이 말에 올라앉은 후에라야 돌아서 문으로 들어갔다. 창녕부원군昌寧府院君 성석린成石璘이 그의 선배가 되는데, 그 집이 맹사성의 집 아래에 있으므로 (맹사성은) 매양 가고 올 때마다 반드시 말에서 내려 지나가기를 석린이 세상을 마칠 때까지 하였다.

- 『세종실록』 20년 10월 4일조 「맹사성 졸기」

맹사성은 이처럼 평생을 겸손하게 살았으며 부처와 같이 온후하고 자비로운 모습을 보였다. 그의 호가 왜 고불古佛인지 새삼 깨닫게 해준다.

세종의 문화정치를
견인하다

세종이 선정을 펼치던 시대에 황희와 맹사성 같은 특출한 참모가 두 명이나 있었다는 것은 군주에게 큰 복이었다. 황희와 맹사성의 공통점은 군주를 잘 보필하고 아랫사람과 소통을 잘 이루어낸 것이다.

하지만 두 사람은 각자 다른 모습으로 군주를 보좌하고 국정을 운영했다. 황희가 다소 관료적이어서 육진 개척과 사군 설치, 외교와 문물제도의 정비, 집현전과의 소통 등 하드웨어적인 면에서 탁월한 능력을 보인 것에 비해 맹사성은 예술가적이며 부드럽고 섬세해 소

• 맹사성 묘 맹사성은 노년을 보낸 온양이 아니라 신기한 일화가 전해오는 것처럼 다른 곳에 묻혔다. 경기 광주시 광주읍 직리 소재.

프트웨어적인 분야에서 뛰어난 역량을 발휘했다.

맹사성은 조선 조정에 출사할 때 결심했던 것처럼 비정치적 분야의 업무에 열정을 보였다. 예조, 공조 등에서 빛을 발했고 역사 연구에 전문가적인 모습을 보였으며, 음률에 정통해 악공을 가르치고 예악을 정비해 나라의 기틀을 세우는 데 큰 기여를 했다. 특히 재원을 선발하는 일에 능력을 보여 과거 감독관으로 응시자들의 문학적, 학문적 소양과 자질을 점검하는 일을 주로 맡았다.

황희와 맹사성 모두 어질고 현명했지만 황희의 부족한 면을 맹사성이 돕고 맹사성이 부족한 면을 황희가 돕는 부창부수의 파트너십

1. 고불古佛 맹사성孟思誠

같은 동료애가 그들 사이에는 있었다.

망국 고려의 신료 맹사성은 조선에 출사해 갖은 고생과 좌절을 겪었으나 비정치적 처신과 겸손, 청빈한 자세로 태종과 세종 대에 충성을 다함으로써 군주와 백성의 존경과 사랑을 한 몸에 받았다.

맹사성이 남긴 온유의 리더십은 오늘과 같이 파란만장한 격동기를 살아나가야 할 후손들에게 시대의 표준을 제시함으로써 길이 배우고 익혀야 할 교훈으로 남아 있다.

【2】

동고東皐 **이준경** 李浚慶

급진 개혁의 부작용을
체감하고 조화를 꾀하다

시련을 통해 꽃피운 미래예측의 리더십

이
준
경

집안에서 장성한 남자의 모습을 찾을 수 없을 만큼 처참하게 사화의 피해를 입은 소년이 부단한 노력으로 일인지하 만인지상의 자리인 영의정에 올랐다.

조선의 재상 가운데 어린 시절에 누구도 이처럼 큰 좌절과 죽음의 공포를 겪은 사람은 없다. 그럼에도 시련을 딛고 일어나 중종과 선조의 오른팔이 된 사람이 이준경(1499~1572년)이다.

이준경은 인생 초반에 자신에게 닥쳐온 파란만장한 인생의 장벽을 어떻게 극복하고 시대의 리더가 되었을까? 그는 자신에게 가장 큰 영향을 준 조광조를 스스로 진정한 스승이라 여겼지만 조광조가 보여준 과감한 개혁과는 달리 조정의 안정과 점진적 개혁을 시도했다.

이준경은 왜 조선의 국력이 급격히 쇠퇴하던, 개혁이 가장 절실하던 시기에 개혁의 고삐를 잡고도 서두르지 않았을까? 과연 정적들의 비판처럼 그는 지나치게 자신의 안위만을 돌보았을까?

그렇다면 이준경이 조선의 앞날을 미리 살펴 임진왜란을 예지하고, 붕당의 피해가 커질 것을 우려해 이를 선조에게 경고한 이유는 무엇일까?

멸문지화의 위기에서
가까스로 목숨을 건지다

어린 이준경을 바라보는 어른들
은 한결같이 그의 미래를 안타깝
게 여겼다. 죽음의 그림자가 늘 그를 따라다녔기에 일가친척조차 소
년 이준경을 떠맡지 않으려고 했기 때문이다. 어쩔 수 없이 이준경은
어린 시절부터 스스로의 삶을 개척해야 했다.

이준경은 불운하게도 어릴 때부터 성장기에 걸쳐 갑자사화와 기묘
사화를 몸소 겪었다. 집안이 좋아 고려시대부터 유명한 문인과 학자
를 배출한 이준경의 가문은 갑자사화로 일거에 무너져 내렸다.

이준경의 가계도에서 주목되는 인물이 몇 있는데, 바로 6대조인 고
려조의 이집李集, 4대조인 이인손仁孫 그리고 조부인 이세좌世佐이다.

6대조 이집은 목은 이색, 포은 정몽주 등 당대의 거유巨儒들과 교류

한 문인이자 학자였다. 그를 필두로 해서 그의 집안에서는 명성 있는 학자와 관료가 끊임없이 배출되었다.

4대조 이인손은 조선 태종 때인 1417년 문과에 급제해 세조 시절에는 우의정까지 올랐다. 이때 가문이 크게 번창해 후일 다섯 명의 아들이 모두 급제했는데, 맏아들 이극배는 성종 때 영의정에 오르기도 했다. 이때까지는 집안이 번창했으나 연산군 때 이준경의 집안은 풍비박산 나고 만다.

연산군 10년(1504년) 갑자사화가 발생했다. 갑자사화는 연산군의 어머니 폐비 윤 씨의 복위 문제에 얽혀 일어난 사화이다. 성종 시절 폐비 윤 씨에게 사약을 갖다 준 이가 바로 이준경의 조부 이세좌였다. 이세좌는 당시 좌승지로 사약을 들고 가 폐비 윤 씨의 사형을 집행했다. 그러니 후일 보위에 올라 어머니 윤 씨의 억울한 죽음을 파헤친 연산군이 사약을 가져간 신하를 놔둘 리 만무했다.

연산군은 곧 이세좌를 유배 보내고 자진토록 했다. 그런데 여기에 연좌제로 가족들이 함께 처형되었다. 이세좌의 아들 네 명이 참형을 당했고, 이준경의 아버지인 이수정도 1501년 생원시에 장원급제하고, 그해 식년문과에 3등으로 급제한 재원이었으나 연좌제로 여기에 포함되었다. 당시 좌찬성이던 이준경의 종증조부 이극균 역시 사사되는 등 집안에 멀쩡한 남자가 하나도 없을 정도로 모두 죽음을 당하고 유배를 당했다. 이준경(당시 5세)은 그의 형 이윤경李潤慶(당시 7세)과 함께 충청북도 괴산 청풍에 피신해 간신히 목숨을 건질 수 있었다.

공포에 질린 이준경과 그의 형은 어머니가 시키는 대로 거처를 옮겨 가며 숨어 다녔다. 벼슬은 생각할 수도 없었고 공부도 마찬가지였다. 살아남은 것이 기적이었다. 그러나 어머니 신 씨는 그 와중에도 아이들이 마음을 가라앉힐 수 있도록 다독여주었다.

일곱 살이 된 이준경은 남의 눈을 피해 아는 사람의 집에서 하루하루를 연명하고 있었는데, 어느 겨울날 집주인이 실수로 집에 불을 내고 말았다. 이준경은 몸만 간신히 빠져나왔고 벗어둔 솜옷이 불에 타 버렸다. 기나긴 겨울에 솜옷 없이 버텨야 하는 안타까운 상황이 벌어졌다. 어린아이가 겪기에는 너무도 모진 고생이었다. 이준경은 활활 타오르는 초가집 지붕의 불길을 바라보며 처연하게 서 있었다. 이웃 사람들과 유모는 이준경의 처지가 딱하고 안쓰러워 눈물을 흘렸으나 이준경은 오히려 그들을 위로했다.

"유모, 울지 마세요. 어르신들 괜찮습니다. 안 그래도 제 옷에 이와 벼룩이 많아 제가 항상 괴로웠는데 다행히 타버렸으니 이제 밤잠을 설치지 않고 잘 수 있을 거예요. 걱정 마세요."

이처럼 이준경에게는 동년배 아이들이 흉내조차 낼 수 없는 어른스러운 면이 있었다. 시련은 오히려 그를 또래 아이들보다 훨씬 강하게 키워냈던 것이다.

중종반정으로 연산군의 추적에서 벗어난 이준경은 어머니와 외가의 도움으로 다시 공부를 시작했다. 친가가 풍비박산 났으나 다행히 외가에서 그를 거두어들였던 것이다. 어머니 신 씨는 어린 그에게

『소학』, 『효경』, 『대학』 등을 가르쳤고, "옛말에 이르기를 과부의 자식이 남다른 소견이 없으면 사귀지 말라고 하였다. 너희들이 이미 아버지를 잃고 나를 따라 살고 있는데 한 가지 행동이라도 잘못하면 반드시 세상에서 버림받을 것이니 학문을 부지런히 하기를 남보다 열 배나 더하여 집안의 명성을 떨어뜨리지 마라"라고 하며 아이들을 타일렀다.

이준경은 어린 시절의 끔찍한 경험을 마음속 깊이 간직하며 자신을 다잡았다.

'절대로 남의 눈에서 피눈물을 흘리게 하지 않을 거야. 남을 돕고 공명정대하게 일해서 집안을 일으키고 남보란 듯 살아갈 거야. 고생하시는 어머니를 위해서라도……'

이런 굳은 각오가 소년 시절과 청년기의 이준경을 붙잡아주었다. 그 때문에 이준경은 후일 관직에 오르고 재상에 올라서도 결코 서두르거나 함부로 결정하지 않았으며, 혹시라도 자신이 결정하는 일이 남에게 피해가 되지 않는지를 먼저 생각했다.

조광조의 죽음에서 급진 개혁의 부작용을 깨닫다

이준경은 어린 시절, 종형인 이연경에게서 조광조의 성리학을 배웠다. 이연경과 조광조는 특별히 가까운 사이였기에, 직접 배우지

• 이준경 집터 조선의 청백리 이준경의 집은 멀리서 보면 창고처럼 보였기에 사람들은 그를 동고(동쪽 창고)라고 부르기도 했다. 서울시 종로구 계동 소재.

않았어도 조광조의 가르침과 학문적 성향은 이준경에게 커다란 깨우침이 되었다.

이연경은 중종의 대단한 신뢰를 받은 조선 중기의 학자이자 관료로, 조광조와 아주 절친했다. 그도 이준경의 집안인지라 일찍이 연산군 때 사화에 연루되어 섬으로 귀양 갔지만 중종이 등극한 후 그를 풀어주었고 관직에 등용했다. 이연경은 후일 조광조를 재상에 천거함으로써 조광조의 입지를 강화해주었으나, 기묘사화 때 함께 탄핵받았다. 하지만 중종은 이연경을 깊이 신뢰해 탄핵 명단에서 그의 이름을 직접 지워버리는 특혜를 베풀었다.

풀려난 이연경은 절친했던 조광조를 잊지 못하고 집안의 천재로 불린 이준경에게 조광조의 성리학 체계와 학문, 사상과 철학을 가르쳤던 것이다.

이때 이준경은 조광조의 성리학론을 배우며 큰 깨달음을 얻었다고 한다. 그러므로 그의 실제 스승은 이연경이었지만, 정신적 스승은 조광조였고, 그 위로는 김굉필金宏弼과 김종직을 꼽을 수 있다.

특히 이준경이 19세 때 이연경을 통해 조광조를 직접 만나서 들은 학문의 길과 실천적 가르침은 그에게 조선의 개혁은 물론, 선비로서의 정절과 지조, 학문에 대한 열정을 다시 확인하는 중요한 계기가 되었다. 당시 이준경은 중종의 신임을 굳게 받은 조광조의 입신출세를 지켜보며 이를 자신이 걸어가야 할 이정표로 삼았던 것이다.

그러나 기묘사화로 인해 급진적 개혁론자들은 비참한 최후를 맞아야 했다. 중종은 자신이 형제처럼 아끼던 조광조를 한순간에 버리고 그에게 사약을 내리는 비정한 군주의 모습을 보였다.

기묘사화는 1519년에 일어났는데, 급진적으로 개혁을 밀어붙이던 조광조를 필두로 한 사람들이 대거 숙청되었으며 기묘팔현己卯八賢과 그 식솔들, 가문들이 죽음과 내침을 당했다. 이준경으로서는 처참한 사화를 다시 한번 겪게 되었던 것이다.

'도대체 이게 무슨 날벼락인가? 어린 시절, 아버지와 조부와 가문의 어른들을 휩쓸어버린 기묘한 운명의 장난이 어찌 내 스승에게까지 미쳐올 수가 있단 말인가? 정녕 내가 갈 길은 없는가? 나는 어디로 가야 하며, 이 저주받은 땅에서 어떻게 살아가야 한단 말인가? 죽도록 충성한 대가가 이처럼 허망하다면 학문이 무슨 소용이며, 과거 급제가 무슨 영광이라는 말인가?'

이준경은 방에 틀어박혀 자신과 가문, 스승에게 닥쳐온 비운에 절망하고 또 낙담했다. 조선에서 그가 살아가야 할 이유와 존재감을 잃어버렸던 것이다. 조광조는 이준경에게 이렇게 자랑하듯 말하지 않았던가.

"군주의 도덕성과 학문의 깊이는 아무리 강조해도 지나치지 않아. 군주가 올발라야 나라가 바로 서고 그래야 신민이 모두 평강을 이루거든. 우리 전하께서는 내가 한밤중까지 야강夜講을 하고 학문적 도리를 가르쳐드리면, 종일토록 정무를 보셔서 피곤하심에도 성체를 흐트러트리지 않고 기뻐하시지. 이것이 신하 된 자의 즐거움이 아닌가. 자네도 열심히 해서 상감마마 앞에서 학문을 강해하는 큰 학자가 되게나."

조광조가 그토록 자랑하고 충성하며 섬겼던 군주가 조광조를 버렸으니 이준경의 충격은 더 할 수 없이 컸다. 그는 조광조 등 기묘팔현의 처벌과 그를 둘러싼 사화의 피바람을 경험하며 절망할 수밖에 없었다.

결국 이준경은 과거를 포기하고 학문을 접기로 마음먹었다. 자신이 믿고 알던 대로 공부하면 아버지와 스승 조광조처럼 죽음을 맞을 수밖에 없다는 사실이 그를 자포자기하게 만들었던 것이다. 그는 수

년을 칩거하며 학문에 손을 놓고 지냈다.

그런 이준경에게 다시 책을 잡게 한 이는 어머니 신 씨와 종형 이연경이었다.

"준경아, 내가 너의 마음을 모르는 바 아니다. 하지만 남아대장부는 마땅히 갈 길이 있어야 한다. 한번 뜻을 세웠으면 죽음을 맞는 한이 있더라도 그 길을 가야 하지 않겠느냐? 그렇게 해서 죽음을 맞아야 하더라도 그 길을 가는 것이 옳은 일이다. 나는 한번도 네 아버지를 원망한 적이 없느니라. 그분과 똑같은 길을 가라는 것이 아니다. 네가 할 수 있을 만큼, 네 나름의 처신과 대응만 적절하게 잘한다면 너는 충분히 군주에게 충성하고 가문도 일으키는 좋은 결과를 얻을 수 있을 게다. 다가오는 과거에는 꼭 도전해보아라."

"선비란 모름지기 자신의 할 일을 마쳐야 한다. 그 길이 험하고 괴로워도 사명을 내려놓을 수는 없는 일이다. 정암(조광조)이 그렇게 허무하게 간 것만은 아니다. 이 땅에 사림의 정신을 남겨두지 않았느냐. 너는 열심히 공부해서 정암 선생의 죽음을 헛되게 하지 마라."

누구보다 효성이 지극했던 이준경은 어머니의 명과 종형의 충고를 받아들였고, 공부에 매진해 중종 26년(1531년) 뒤늦게 식년문과에 급제했다. 그 과정에서 그는 자신이 앞으로 관료로서 걸어가야 할 길을 나름대로 정리했다.

따지고 보면 이준경은 스승인 종형 이연경의 처세법을 은연중에 배운 것이라고 볼 수 있다. 이연경은 두 번씩이나 사화에 휩쓸렸으나 중종의 굳건한 신뢰를 받아 살아남지 않았던가. 스승 정암은 한 번에 사약을 받았지만 같은 죄에 연루된 이연경은 군주의 신뢰를 얻어 생존할 수 있었던 것이다. 이준경은 유연하고 신중한 학자 이연경을 자신의 본보기로 설정했다.

'신념이 강하면 남도 죽이고 나도 죽인다. 개혁은 좋지만 급진적이기 때문에 실패한 것이다. 스승님은 그 점이 부족했던 것이다. 그러므로 이제부터는 부정적인 현실이라도 발을 빼기보다는 그 속에 깊이 발을 담가야 한다. 그러나 급진적 개혁이 아니라 신중하고 점진적인 개혁을 추구하자. 남에게 피해를 주려 하지 말고 그들의 불편하고 아픈 점을 먼저 헤아리자.'

현실 참여형
리더가 되다

16세기 들어 50년간 네 번의 사화를 겪는 동안 조선은 심각한 인재 부족 현상을 겪어야 했다. 성혼, 이황, 서경덕, 조식, 정지운, 이항, 이지함 등 그 시대를 대표할 만한 지식인들이 모두 출사를 포기하거나 은거했기 때문이다.

그러나 이준경은 그들과 뜻을 달리했다. 그는 어머니와 종형 이연경의 권유대로 자신이 걸어가야 할 길이 있음을 깨닫고 그 길을 묵묵히 걸어가기 시작했다. 비록 나라가 어지럽고 조정에는 간신배들이 들끓었지만 그는 하급 관료에서부터 한 단계씩 승진을 거듭하며 현실에 적극적으로 참여했다. 그는 몸을 사리지 않고 나라의 위기를 타개해가며 직업 관료의 길을 걸어갔던 것이다.

평소 이준경은 검소하게 생활하고 오락을 물리치며 오직 글 읽는 것을 낙으로 삼았고, 게을러지면 글씨를 익히며 "이 마음으로 하여금 잠시도 해이하지 않게 하려는 것이다"라고 했는가 하면, 활을 쏘면서는 "사지가 게을러지지 않도록 하려는 것"이라고도 했다.

이준경의 어린 시절 일화는 그에게 미래를 내다보는 빼어난 예지력이 있었음을 보여준다. 이준경은 한때 산중에 기거하며 남명 조식과 같이 글을 배운 적이 있다. 그때 그는 자신이 사직을 편안하게 하는 관료가 될 것이라고 말해 조식을 놀라게 했다.

"나는 나라의 원로가 되어 어진 임금을 만나 백성을 윤택하게 하고 사직을 편안케 하는 것으로 즐거움을 삼을 것이다."

또한 이준경은 조식의 앞날을 예언하듯 장난을 치며 "너는 바위굴에서 말라 죽을 인물이다"라고 놀렸다. 조식은 우스갯소리로 받아들였지만 그의 말대로 후일 조식은 출사를 거부하고 재야에 남아 학문의 대가로 이름을 알렸고, 이준경은 영의정에까지 올랐으며, 집안도 함께 일으켰다.

그러나 이준경의 관직 생활은 쉽게 풀리지 않았다. 조정에서는 권간權奸이 권세를 부리고 있었고 아부와 불법과 눈치만이 판을 치고 있었기 때문이다. 사림들과 성균관 유생들조차 이름 내기만 기뻐했지 나라의 운명에 대해서는 관심이 없었다. 이준경처럼 눈치를 보지 않고 자신의 일을 묵묵히 수행하는 관료들이 설 땅이 그만큼 없었던 것이다.

이준경은 더 이상 물러날 곳이 없다고 느낄 때는 과감하게 일어설 줄도 알았다. 1542년 그는 중종에게 차자箚子를 올려 성균관 유생들의 도덕성이 땅에 떨어져 있음을 짧지만 정확히 지적했다.

"아뢰옵니다. 근년 이래 선비들의 버릇이 야비하고 더러워져서 염치가 쓸어버린 듯 아주 없습니다. 성균관은 도선導善하는 곳이며 풍속과 교화가 있는 곳입니다. 그러나 성균관 학생들은 학문은 모르면서 벼슬 구하기에만 급급합니다."

중종은 이준경의 신중한 성격을 알고 있었기에 그의 차자를 문제 삼지 않고 오히려 사림의 개혁을 지지했다.

사림은 이준경을 못마땅하게 여겨 그를 배척했다. 그럼에도 그를 비난하고 깎아내리던 반대세력들이 끝내 이준경을 해치지 못한 것은 그가 절조 있게 행동했고 논의가 한편으로 치우치지 않았기 때문이다. 중종에게 올린 차자도 불특정한 대상이었지 누구를 꼬집어 비판하지 않았기에 정적들도 어찌할 수 없었던 것이다.

도리어 이준경은 신진 사림들이나 관료들의 상소와 논의가 과격하고 예리한 것을 보면 이를 절제하게 하고 조정하기 위해 노력했다. 그 때문에 적극적인 개혁 의지 없이 눈치만 본다는 비판도 받았다. 하지만 그에 대해 이준경은 "차라리 남이 나를 저버리는 것이 낫지

내가 남을 저버리지는 않겠다"고 하며 자신의 입장을 정리하곤 했다.

이는 이준경이 급진적 개혁론자들의 부정적 피해를 직접 보고 겪어왔기에 불필요한 말로 남을 자극하지 않으려는 조심성이 몸에 배어 있었기 때문이며, 이것이 곧 이준경의 처세법이자 거친 세상에서의 생존법이었다.

조정의 중심에서 국방개혁과 도덕성개혁을 외치다

이준경은 신중론자였지만 국방 면에서는 과감한 의식 개혁을 주장했다. 특히 북쪽의 여진과 남쪽의 왜에 대한 경계를 늦추어서는 안 되며, 조정 관료의 부패와 선비정신의 후퇴를 막기 위해서는 도덕성 개혁을 이루어내야 한다고 강하게 밀어붙였다. 당시 조선을 둘러싼 동아시아 세계가 급변하고 있었기 때문이다.

16세기에는 명나라의 세력권 아래 있던 여진족이 힘을 키워 급성장해 북쪽에서 무시 못 할 세력으로 커가고 있었다. 서구 열강들도 서세동점西勢東漸의 영토쟁탈로 식민지 경영을 본격화하고 있었다. 그럼에도 명나라는 내부 분열과 정치 혼란으로 여진에게 거의 신경을 쓰지 못했고, 남쪽의 왜국에서는 오다 노부나가를 앞세워 천하통일을 이루어낸 뒤 도요토미 히데요시가 부국강병책을 진두지휘하고 있었다.

이렇게 급변하는 국제 정세를 조선 관료들이 제대로 눈치 채지 못하고 있음을 통탄한 이는 이준경과 율곡 이이 정도에 불과했다. 이준경과 이이는 입장은 달랐지만 왜국의 사정을 주의 깊게 살피지 않으면 조선이 위험하다는 것을 잘 알고 있었다.

특히 이준경은 문무를 겸비한 신료로 직접 을묘왜변乙卯倭變을 진압하는 등 군무에서도 능숙하고 탁월한 리더십을 발휘했다. 그는 세 번에 걸쳐 병조판서를 역임하면서 야인의 침입과 왜인들의 변란을 진압한 바 있었다. 그때 그는 조선의 국방 면에서 제일 취약한 점은 실전에 투입할 전력이 턱없이 부족하다는 것임을 깨달았다.

이준경이 무엇보다 안타까워한 것은 수군을 줄이고 육전으로 전쟁을 치르려는 조정의 정책이었다. 그는 이것이 후일 국방상의 심각한 위기를 불러올 것이라고 예상했다. 그는 왜변의 경험과 뛰어난 예지력으로 왜국이 해상으로 공격해올 때 바다에서 막지 못하면 승산이 크지 않다고 보았던 것이다.

"오늘날 왜구가 또다시 움직인다는 기미가 있으니 미리 조치하지 않으면 일이 닥쳐서는 응변하기 어려울 것이다."

군기가 흐트러지고 실제 동원할 군사들이 형편없다는 사실을 알고 있던 이준경은 수군 강화가 가장 급한 과제라고 생각했다. 실제 성종 사후에는 해상 근무를 기피하는 수군들과 이를 지휘하는 지방 관료들의 부패로 인해 수군의 전력이 현격하게 약화되었다.

그래서 이준경은 우선 수군의 지휘부 관료들을 문무를 겸비한 인물로 채워 넣고 군제와 세제를 개편해 실질적 지원과 작전이 가능하도록 하자는 것과 수군이 원래부터 천한 일이 아님을 밝히고 일반 장정들이 수군에 배치되도록 하자는 것 등의 개편안을 냈다.

이준경의 제안이 온전하게 받아들여졌다면 임진왜란과 같은 초유의 국난은 피할 수 있었을 것이고 조선은 해양 강국으로 거듭났을 것이다. 하지만 이미 조선의 조정은 이를 수용하려는 이들보다 자신의 출세에 눈이 먼 관료들로 채워지고 있었으니, 이것이 조선의 비극이었다.

북쪽의 여진에 대해서도 이준경은 우려의 목소리를 냈다. 그는 날랜 병사들을 모아 그들을 토벌해 강경한 자세를 보이지 않으면 적들이 조선을 우습게보고 장차 침공할 여지를 주는 것이라고 지적했다.

국방 문제와 더불어 이준경이 더욱 시급하다고 여긴 것은 내부에서부터의 붕괴였다. 도덕성의 문란은 곧 조선 내부의 붕괴로 이어지기 때문이었다.

이준경은 힘을 키우고 국방과 재정을 튼튼히 하기 위해서는 가장 먼저 군주와 관료들이 신뢰를 회복해야 한다고 보았다. 그중에서도 군주의 도덕성 회복이 가장 중요하다고 생각했다. 연산군의 실정으로 심각한 피해를 직접 겪은 그로서는 군주란 민심을 읽어내고 헤아릴 줄 알아야 하는데, 이는 신하가 군주를 어떻게 받쳐주느냐에 따라 달라진다고 보았던 것이다.

"임금과 신하가 함께 부족한 것을 닦아야 물고기와 물처럼 즐거움을 누릴 것이다."

이준경의 사상은 여민동락與民同樂, 민심이 곧 천심이라는 생각으로 이어졌다. 그는 이런 개혁 사상을 바탕으로 신료들을 감싸 안으며 조화로운 정책을 추진해나갔다.

퇴계와 기대승, 명군 정조가 극찬하다

이준경은 조정 안팎에서 최고의 재상으로 평가받았는데, 특히 조선 사대부의 대표주자들이 그를 칭찬하는 데 앞장섰다.

명종 시절, 퇴계 이황은 명종의 교서를 통해 이준경을 극찬했다. 교서란 임금의 발표 문서로, 신하가 글을 써서 올리면 임금이 검토하고 고칠 것은 고치고 삭제해 내리는 공식 문서였다. 퇴계는 이때 임금의 지시를 받아 이준경에 대한 글을 썼는데, 이준경이 함경도 순변사로 있을 때 이미 그에 대한 평가가 어떠했는지를 보여준다.

"(동고는) 하늘과 사람을 꿰뚫는 능력이 있으며 문무의 자질을 겸비하였다."

퇴계와 함께 이름을 크게 떨친 성리학자 기대승도 이준경이 우의정이 되자 그를 이렇게 평가했다.

"조정의 표준이며 백관의 우두머리를 이제야 얻었도다."

한참 후대의 일이지만 정조 역시 이준경을 극찬한 바 있다. 『홍재

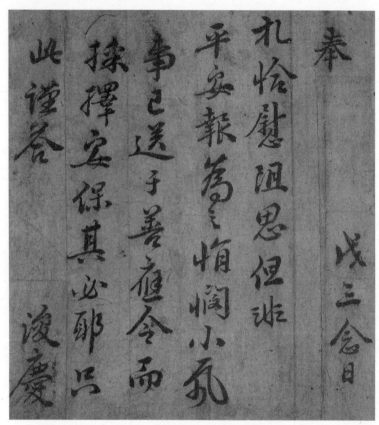

• 이준경 편지 한평생 스스로 절제하고 공평하게 처신한 이준경의 마음 씀씀이가 엿보인다. 성균관대학교 박물관 소장.

전서弘齋全書』는 정조가 쓴 시문집인데, 이 책에서 정조는 이준경을 조선을 빛낸 인물로 묘사했다.

"그 타고난 성품 자질이 맑고 높으며 마음 씀씀이가 넓고 공평하다. 한 몸으로 나라의 안위를 맡고 있음에도 목소리와 얼굴빛을 내지

조선참모실록

않았고 태산과 반석과 같은 평안함에 국세國勢를 두었다. 매번 사림들 사이에서 조정하고 키워내는 것을 일로 삼아 혹 비방이 있어도 그 문장과 조정의 사업이 일대를 빛내었다."

이준경은 이런 격찬에 조금도 부족함이 없을 만큼 일생을 청렴하고 정직하게 살았다. 격동의 시기에 관료의 길을 걸으면서도 그는 욕먹을 일은 하지 않았다.

한편 이준경은 1533년 중종의 경연經筵(임금과 대신들의 학문연구 자리)에 나아가 기묘사화 때 화를 입은 사류들의 무죄를 역설하다가 김안로 일파의 모함을 받았고 집권자들의 질투와 정치적 야합으로 인해 파직당하는 아픔을 겪었다. 또한 그는 1550년에 영의정 이기의 모함으로 충청북도 보은까지 유배를 당하기도 했다.

이런 어려움을 겪었지만 이준경은 참고 절제하며 자신의 관직 생활을 차분하게 이어나갔다. 특히 그는 믿음으로 친구를 사귀었고, 검소한 선비로 살아가기 위해 힘썼으며 화려한 것은 주어도 받지 않았다.

이준경이 높은 관직에 오르자 수많은 이들이 그를 찾아와 인사 청탁을 넣었는데, 그는 정중하게 거절함으로써 그들의 부탁을 흘려보냈다.

그런데 이준경이 감사로 있을 때 정말 거절하기 어려운 고위직의 부탁을 받았다. 그는 꾀를 내어 정중하게 청탁을 거절했다.

한 재상의 추천을 받고 온 무사가 오자 이준경은 시종에게 자신의 방으로 바로 데려오지 말고 빙빙 돌린 후 데려오라고 일렀다. 한참을 돌아온 무사에게 이준경이 물었다.

"지금 내 방이 어디에 위치하고 있는가?"

무사는 너무 많은 방을 거쳐 돌아오는 바람에 제대로 위치를 대지 못하고 우물거렸다. 이준경은 그를 돌려보내고는 서찰을 써서 추천자인 재상에게 보냈다.

"추천해주신 무사는 동서남북을 구분하지 못하는 인물이라 차마 쓸 수가 없었습니다."

이 소문이 퍼지고 난 뒤부터는 이준경에게 들어오는 청탁이 확 줄어들었다고 한다.

이준경은 자신의 아들조차도 인사와 관련해 구설에 오르지 않도록 노심초사했다. 그가 영의정으로 있을 때 후보자 명단에 그의 아들 이름이 올랐다. 그는 이것을 듣고는 직접 후보자 명단에서 아들의 이름을 빼버렸다. 사연을 묻는 좌중에게 그는 자신의 아들이 적합하지 않은데 어떻게 알고서도 추천자 명단에 넣어두겠느냐고 했다. 사람들은 이준경이야말로 공평하고 의로운 사람이라고 여겼다고 한다.

선조를 후사로 정하다

이준경에 대한 평가는 급기야 국경을 넘어 중국에까지 널리 알려져 중국 사신들도 이준경을 모르는 이가 없을 정도였다.

명종이 갑자기 승하하고 후사를 잇지 못해 조야가 당황하고 있을 때 마침 조선을 방문한 중국 사신이 조선 관료에게 물었다.

"조선에 왕세자가 정해져 있소?"

"아직 없소이다."

"허허, 큰일이 아니오? 그렇다면 지금 재상은 누가 맡고 있소?"

"이준경 대감이오."

"그래요? 그 사람은 문장과 덕이 높고 나라의 기둥이니 당신들 나라는 걱정이 없겠소."

중국 사신의 말대로 명종의 후사로 덕흥대원군(중종의 일곱째 아들)의 셋째 아들인 하성군(선조)을 추대해 왕위에 올린 이도 이준경이었다. 중종부터 선조까지 4대에 걸쳐 왕을 섬긴 재상으로서 그는 선조가 즉위하는 데 결정적 역할을 한 주역이었다.

『연려실기술』에 따르면 하루는 명종이 여러 왕손들을 불러놓고 가르치다가 임금이 쓰는 관인 익선관을 써보게 했는데 여러 왕손들이 돌아가며 익선관을 써보았으나 유독 나이가 어린 하성군은 "상께서 쓰시는 것을 보통 사람이 어찌 쓰겠습니까?" 하며 어전에 도로 가져다놓았다고 한다. 이후 명종은 하성군을 유심히 지켜보았다. 이 모습을 지켜본 이준경은 명종의 속내를 짐작할 수 있었을 것이다.

그런데 1567년 명종은 재위 23년 만에 34세의 나이로 왕세자를 세우지도 못하고 승하했다. 조정 관료들은 다음 임금을 두고 이해관계에 따라 이합집산하며 커다란 분란의 조짐을 보였다.

이때 이준경이 평소 명종의 생각을 헤아려 중종의 손자인 하성군을 군주로 추대해 조정의 분란을 잠재우고 나라의 종사를 바로 세웠던 것이다.

제14대 임금 선조의 즉위와 관련된 이준경의 일화가 전해온다. 이준경이 아직 과거에 급제하지 않았을 때의 이야기이다.

이준경의 장인이 평양 감사가 되자 이준경은 인사차 평양에 들렀는데 가문이 빈한하니 아무것도 가지고 가지 못했다. 처가 식솔들과 동서들이 그를 무시했으나 장인은 그를 예사롭게 보지 않았다. 장인은 다른 동서들을 돌려보내고 이준경을 남몰래 불러 대화를 나누었다.

장인은 그해 이준경의 급제를 예언하면서 이준경과 동갑인 심통원이라는 인물을 어떻게 처리할 것이냐고 물었다. 심통원은 아직 과거에 급제조차 하지 못해 전혀 알려지지 않은 인물이었으나 이준경은 한참을 생각한 후 "제가 마땅히 별당에 가두어 그의 계획을 저지하겠습니다" 했다. 장인은 그를 기특하게 여기고 돈과 말을 주고 돌려보냈다.

후일 이준경이 명종 대에 영의정이 되었을 때 장인이 이야기한 심통원은 약방 도제조가 되었다. 심통원은 외척으로 부를 쌓으며 윤원형과 권력을 남용했는데, 명종이 죽음을 앞두자 심통원은 따로 생각이 있어 이를 실천에 옮기려 했다. 아마도 그가 임금으로 추대하려는 인물이 따로 있었던 모양이다.

그러나 이준경은 명종의 유지를 받지 못한 터라 즉석에서 기지를 발휘해 심통원에게 임금에게 드릴 환약을 가지러 가게 했다. 그런 다음 약창고의 문을 잠가버리고 죽음을 앞둔 명종에게 달려가 유지를 받았다.

『선조수정실록』에는 이 일이 기록되어 있다.

왕비 심 씨沈氏가 대신 이준경과 심통원을 급히 불러 침전으로 들어오게 했다. 상(명종)은 이미 인사불성 상태였다. 준경이 앞으로 나아가 큰 소리로 "신들이 왔습니다" 하였으나 상은 반응이 없었고, 준경이 또 사관을 시켜 두 사람 이름을 써서 올리게 하였으나 상은 역시 살피지 못하는 상태였다. 그리하여 준경이 왕비에게 아뢰기를, "일이 이미 이렇게 되었으니, 마땅히 사직의 대계大計를 정해야 합니다. 주상께서 고명顧命을 못 하실 입장이니, 당연히 중전中殿께서 지휘가 있으셔야겠습니다" 했다.

– 『선조수정실록』, 명종 22년 6월 28일조

자칫하면 왕위를 둘러싼 억측과 모반이 일어날 어지러운 상황이었으나 이준경은 당황하지 않고 차분하게 일을 진행해나갔다.

왕비가 답하기를, "지난 을축년(명종 20년)에 주상에게서부터 받아둔 전지가 있으니, 모름지기 그 사람을 사군嗣君으로 정해야 할 것입니다"

하였다. 이는 을축년 9월 상의 병세가 위독했을 때 중전이 봉서封書 하나를 대신에게 내린 바 있었는데, 하성군河城君 이균李鈞을 다음 보위로 한다는 내용이었다. 그러자 준경 등은 배사拜謝하며 아뢰기를, "사직의 대계는 정해졌습니다" 하였다. 새벽에 상이 승하하였다.

— 『선조수정실록』 명종 22년 6월 28일조

『선조수정실록』 명종 22년 6월 28일조 말미에는 이준경의 업적이 다음과 같이 기록되어 있다.

이준경은 평소 중망重望이 있어 나라 사람들이 그를 믿고 의지하였으며 그에게 마음을 기울여 모두 하는 말들이 "이때에 이 사람이 있으니 나라가 안정될 것이다" 하였다. 사위嗣位(다음 보위)가 정해지자 인심이 그대로 안정을 유지했던 것은 다 준경이 사람들을 진정시킨 공로였다.

또한 사간은 "만일 이준경이 궐내에 대기하지 않고 집에서 자고 있었다면 심통원이 홀로 들어와 유명을 받았을지도 모를 상황이 되었을 것이다. 그러면 그가 스스로 공신이 되고 사림의 화를 빚을 뻔했을 것이다" 하며 당시의 아찔한 상황을 기록해두었다.

타고난 예지력으로
조선의 앞날을 내다보다

이준경에게는 여러 가지 일화가 전해온다. 출전이 정확하지 않지만 이준경이 미래를 내다보는 예지력을 가졌다는 이야기들이 주를 이룬다. 나라가 혼란해지고 기댈 곳이 없는 민중들이 이준경의 예지력을 입에서 입으로 전하며 더욱 풍성해진 탓이다.

이준경은 늘 부채를 들고 다녔다. 그는 겨울에도 큰 부채를 가지고 항상 동쪽을 향해 부채질을 하곤 했는데, 그의 부채질로 인해 현해탄에 바람이 일고 풍랑이 거세어져 왜적들이 조선을 공격하지 못했고, 그가 죽어 부채질을 하지 못해 임진왜란이 일어났다.

이 외에도 왜란이 일어날 것을 미리 알고 임금을 위해 자하문 근처에 성벽을 뚫어놓았다는 이야기와 이준경이 일가를 피신시키기 위해 기인 한 명을 골라두었다는 일화도 있다.

이준경의 집에서 일하던 피씨 성을 쓰는 집사에게는 예쁜 딸이 있었다. 집사는 평소 이준경에게 "대감께서 골라주는 사람을 사위로 삼겠습니다"고 했다. 어느 날 이준경은 대궐에서 돌아오자마자 집사를 불러 "오늘 아침 사윗감을 찾았으니 빨리 데려와 혼인식을 치르라"고 했다.

이준경이 가르쳐준 곳에 갔더니 걸인 총각이 가마니를 쓰고 앉아 있

었다. 그 총각을 막무가내로 데려와 혼인시켰는데, 그 사람은 하는 일
도 없이 세월만 축내는 한량이었다.

3년을 허송세월만 하던 집사의 사위는 어느 날 갑자기 일어나 세수
를 하고 의관을 갖추었다. 집안 식솔들이 의아해하는 중에 이준경이 들
어와 그를 찾았다. 이준경은 그에게 앞으로 닥칠 환란에 대한 이야기를
나누며 집안의 식솔들을 책임져달라고 부탁했다.

그 후 집사의 사위는 장사를 한다며 많은 돈을 가져갔고 다시 와서
손을 벌렸다. 그러던 어느 날 돌아온 그는 파산지경에 이른 이준경 집
안의 식솔들을 모두 데리고 시골로 들어갔다.

집사의 사위가 만들어둔 집에는 수많은 가축들과 일상 생활용품들이
다 갖추어져 있었다. 그곳에서 무사히 목숨을 보전한 이준경의 후손은
다시 세상에 나가 벼슬을 하게 되었다.

이 일이 실제로 있었다고 보기는 어렵지만 그만큼 이준경의 예지
력은 후대에 걸쳐 수많은 사람들의 입에 오르내리며 무용담처럼 널
리 퍼졌던 것이다.

이처럼 이준경은 앞일을 내다보는 통찰력과 예지력을 갖고 있었다.
그의 예지력을 보여주는 대표적인 것이 바로 그가 남긴 유언이다.

선조는 재위 초기 기존 훈구세력들을 멀리하고 이이 등을 중심으
로 하는 사림세력을 많이 등용했으며, 이준경을 중용했다. 그러자 전
국에서 덕 있는 선비들이 많이 모여들었다. 그러나 사림의 힘이 커지

자 훈구세력과의 세력 다툼이 발생했으며, 사림 내부에서도 갈등이 자주 표출되었다. 그는 이를 염려해 자신의 마지막 유언으로 임금에게 글을 올린 것이다.

이준경은 말년에 퇴계가 앞서 세상을 떠나고 자신도 병석에 누워 있은 지 한 달이 지나자 의원을 물리치며 말했다.

"나의 수명이 이미 다하였다. 어찌 약을 먹어 목숨을 연장할 수 있겠는가. 오직 우리 임금에게 한 말씀 올리고 싶을 뿐이다."

그는 직접 글을 쓸 기력도 없어 아들을 시켜 쓰게 했다.

"흙속에 들어가는 신(이준경)은 삼가 네 가지의 일을 갖추어 유차遺箚(유언으로 올린 상소문)를 올리니, 전하께서는 조금이라도 살펴주십시오."

이준경이 올린 유차는 임금과 나라의 앞일에 대한 것이었다. 그는 첫째로, 무엇보다도 학문하는 일이 가장 크다고 하며 선조의 학문은 수준 이상이지만 능력과 품성을 기르는 함양의 힘은 미치지 못하는 점이 많다고 지적했다. 그러면서 선조가 매우 준엄하게 말하지만 아랫사람을 대할 때 포용하고 공순하게 하는 면이 부족하니 이를 노력하라고 했다. 선조의 나이 겨우 20세였으니 74세의 노신이 어린 임금을 아껴 간곡하게 부탁했던 것이다.

이준경은 둘째로, 아랫사람을 대할 때 위의威儀(위엄과 엄숙한 태도)가 있어야 한다고 지적했다. 선조는 젊은 시절부터 이 부분에 약점을 보였던 모양이다. 이준경은 아무리 뜻에 거슬리는 말이 있더라도 신하의 주의를 환기시키는 일은 있을 수 있지만 사사건건 직설적으로 드러내며 스스로 잘난 체하는 것을 아랫사람들에게 보여서는 안 된다고 충고했다. 그는 "계속 지금처럼 하신다면 백관이 맥이 풀려 수없이 터지는 잘못을 이루 다 바로잡지 못할 것입니다" 하며 선조의 가벼움을 나무랐다. 이는 후일 그대로 적중했는데, 유성룡 같은 충신을 내치는 사태까지 벌어진 것이다.

그는 셋째로, 군자와 소인을 분간하는 일을 말했다.

"참으로 군자라면 아무리 소인이 공격하는 일이 있더라도 뽑아 써 의심하지 마시고, 참으로 소인이라면 비록 개인적인 정情이 있으시더라도 단호히 물리쳐 멀리하여야 합니다. 이와 같이 한다면 어찌 하북 조정(북송)과 같은 어려움이 있겠습니까."

이미 이준경은 충신들에 대한 임금의 편견과 속 좁음을 알고 있었던 것이다. 그는 마지막으로 장차 있을 붕당의 폐해에 대해 경고했다.

"사사로운 붕당朋黨을 깨뜨려야 할 것입니다. 지금 세상 사람들이 혹 지나친 행동이 없고 법도에 어긋나는 일이 없는 사람이라도 자기네와 한마디의 말이라도 합하지 아니하면 배척하여 용납하지 않습니다. 자기들은 행실을 닦지 아니하고 글 읽기에 힘쓰지 아니하며, 거리낌 없이 큰소리치며 당파를 지으면서 그것이 높은 것이라고 하며 헛된 기풍을 양성하고 있습니다. 따라서 이들이 군자이면 함께 서서 의심하지 마시고 소인이거든 버려두어 저희끼리 흘러가게 하심이 좋을 것입니다. 이제야말로 전하께서 공평하게 듣고 공평하게 보아주

시어 힘써 이 폐단을 제거하실 때입니다. 그렇지 아니하면 반드시 구제하기 어려운 근심이 될 것입니다."

선조는 이준경의 충고가 날카로웠지만 평소 그의 품행을 잘 알고 있었으며, 이준경이 아니었으면 임금의 자리에 오를 수도 없었기에 각별하게 그를 아꼈다. 이 때문에 이준경이 죽은 이후에 벌어진 논쟁에서도 오히려 그를 두둔했다.

"임종 때까지 충성으로 상하에 모두 병통病痛이 있다고 말한 것은 우국충심에서 비롯된 것이며, 조정의 화평을 바라는 뜻이 그 바닥에 있기 때문이다."

그러나 사림들은 이준경의 유차를 두고 격렬한 논쟁을 벌였다. 대신들 중에서는 이준경의 관작을 추탈하자고 주장하는 이도 나왔다. 심의겸 같은 이가 대표적 인물이었다.

하지만 유성룡은 "대신이 죽을 때 말씀 올린 것에 부당함이 있으면 변명할 것이지, 죄주자고 청하기까지 하는 것은 조정에서 대신을 대접하는 체모가 아니니 여러분은 너무 심한 짓을 하지 마시오" 하며 말렸다.

좌의정 홍삼도 이를 거들었다.

"이준경은 신과 같이 조정에 가장 오래 있었습니다. 평일에 매양 군자로 자처하고 성질이 강직하여 식견이 높았으니 이제 와서 그를 학식이 없다고 할 수 없으며 나라를 근심하는 마음이 죽을 때까지 변함이 없었는데 어찌 사림에게 화를 끼칠 마음이 있어서 그런 말을 했겠습니까? 이제 만일 그를 소인이라고 지목한다면 그는 지하에서도 불복할 것입니다."

이준경을 비판하는 세력 가운데는 율곡 이이도 있었다. 율곡은 이준경을 가리켜 머리를 감춘 채 귀신과 불여우처럼 말한 것이라고 통박하고 이준경은 시기와 질투의 앞잡이요, 사악한 표본이라고 힐난하고 나섰다. 게다가 율곡은 "사람은 죽을 때는 선한 말을 하는데 이준경은 죽을 때도 악하다"며 차마 입에 담지 못할 말을 퍼부었다.

율곡 같은 진보적 개혁자이자 대학자가 왜 이렇게 자신을 다스리지 못했을까? 일부 학자들은 이 부분에 대해 이준경의 지적이 좀 지나친 면이 있던 데다 율곡 역시 붕당의 조짐을 알고 있었지만 이준경의 발언이 오히려 붕당의 폐해를 확산시키고 이를 틈탄 일부 사림이 분쟁거리로 이용할 것을 우려했기 때문이라고 보고 있다.

이에 대해 이긍익은 『연려실기술』에서 율곡의 잘못을 다음과 같이 지적했다.

율곡이 동고를 부정적으로 평가한 부분이 많다. 그러나 동고는 어진 정승인데 율곡이 드러내어 공격하여 자기감정을 한껏 푼 것이다.

이준경은 왜구의 침입을 수도 없이 경고했고 병조판서 시절부터 왜국의 동태를 살피고 있었다. 그는 신중론자였지만 그를 비판하는 이들의 말처럼 안일한 자세로 살았던 것은 결코 아니다.

선조를 명종의 후사로 정해 군주로 올린 뒤, 이준경이 처음 한 일이 조광조 등 기묘사화로 인한 피해자 복권을 이루어낸 것임을 보면, 그는 오히려 옳다고 믿는 일에서는 뒤로 물러서지 않고 흔들림 없이 자기주장을 개진했음을 알 수 있다.

기묘사화 이후 아무도 논의조차 꺼내지 못하고 있을 때 김굉필과 조광조 등 사림파의 희생자들을 역사적으로 재평가하고 정당하게 대우하자고 주장했으니, 이준경이 아니면 누가 나설 수 있었겠는가.

이수광이 지은 『지봉유설』에는 이준경의 모습이 비교적 객관적으로 기록되어 있다.

> 공이 노성老成(많은 경험으로 세상에 익숙함)한 체통과 정중한 몸가짐으로 인해 후배들과 뜻이 맞지 않아 당시 사람들에게 거슬리어 죽은 후에도 헐뜯는 말이 그치지 않았다. 그러나 지금 재상으로서의 업적을 말하자면 공을 제일이라고 한다.
>
> - 『지봉유설』 제12부 22장

이런 논란 속에 이준경이 죽은 지 불과 4년 만에 당쟁이 발생했다. 선조 4년(1571년) 인사권을 담당하는 이조전랑 자리 문제 때문에 사림이 동인과 서인으로 갈라졌던 것이다.

이준경의 탁월한 통찰력과 예언이 정확하게 들어맞은 데 대해 후세인들은 감탄했다. 이준경은 이미 사림들간의 대화와 그들의 행동

2. 동고東皐 이준경李浚慶

을 통해 당쟁의 조짐을 발견한 뒤 이를 지적했던 것이다. 율곡은 이러한 일이 벌어지자 자신의 잘못을 깨닫고 당쟁의 폐해를 줄이는 데 더욱 힘을 쏟았다고 한다.

곧고 맑아
시대의 표준이 되다

이준경의 말소리는 큰 쇠북 같고 눈빛은 자줏빛 번개같이 빛나 가까이에서 그를 보면 그 위엄에 저절로 압도되었다. 그는 당대의 정승들 가운데 누구보다도 청렴결백했으며, 영의정 시절에도 검소하게 살았다. 그래서 사람들이 그의 집을 멀리서 보고는 주택이 아니라 곡식이나 물건을 내다 쌓아둔 창고처럼 생각했기에 그를 가리켜 동고東皐라는 호 대신 동고東庫(동쪽 창고)라고 불렀다. 당연히 그는 조선의 청백리에 이름을 올렸다.

이준경은 명종 이후 악화일로를 걷던 조선 조정의 외척 발호, 곧 명종의 외숙 윤원형을 중심으로 한 훈구세력의 발호를 종식시키고 사림 정치를 시작하게 한 인물로 자리매김했다. 또한 후사 없이 승하한 명종의 뒤를 이어 선조를 즉위케 함으로써 조정의 안위를 튼튼하게 세우기도 했다.

그 밖에도 이준경은 북쪽의 여진을 경계하고 남쪽의 왜국에 대한 경계를 강화했고, 사림의 당쟁을 염려하고 조정 관료의 부패의식과

• 이준경 묘 이준경은 일생 동안 억울한 인재를 돕고 국정을 원만하게 펼치기 위해 노력했다. 경기도 양평군 양서면 부용리 소재.

도덕성 타락을 지적하며 조정 전반에 위기의식이 부족함을 통탄했다. 특히 무너져가는 군제와 국방체제를 개혁하려고 최선을 다했던 개혁 관료이자 현실 참여적 학자로서 모범을 보였다.

이렇듯 이준경은 말과 행동, 지식, 정치, 군사 등 다방면에서 당대의 표준이 되었다. 퇴계 이황조차 형제의 상을 당했을 때 예법을 묻는 질문에 동고 이준경의 예를 보면 알 수 있을 것이라고 말했을 정도였다

이긍익은 『연려실기술』에서 "이준경이 사림 중에서는 부족하다고 여기는 이들이 있었지만 청덕淸德이 있어서 대문에 뇌물이 오가지 않

았으니 사람들이 모두 그를 어진 정승이라고 칭했다"고 했다. 그만큼 이준경은 스스로 절제하고 관직에서 공평하게 처신했기에 후일 조선의 4대 현상賢相, 곧 네 명의 어진 재상을 거론할 때 빠지지 않고 꼽히는 것이다.

이준경은 고난을 딛고 일어나 관직에 몸을 바쳤고 특히 앞을 내다보는 통찰력과 예지력으로 당쟁의 피해를 예견해 존경을 받았다. 혼돈의 시기에 군주와 나라를 지켜낸 이준경이야말로 시련을 딛고 우뚝 선 인물로 평가받을 만하다.

【3】

퇴계退溪 **이황** 李滉 李滉

세상을 향해
선비정신을 외치다

선비의 자존심을 보여준 물러섬의 리더십

이
황

왕과 신료들은 조선 최고의 학자라는 평가를 받아온 퇴계 이황(1501~
1570년)을 끊임없이 조정으로 불러내려 했다. 그들은 이황에게서 꽉 막힌
조선의 정치와 혼란스런 조정을 수습할 비책을 구하려 했다.

하지만 퇴계는 34세에 벼슬을 시작해 70세에 사망할 때까지 140여 직
종에 임명되었지만 무려 일흔아홉 번이나 사퇴하는 물러남의 극한을 선보
였다. 그는 왜 명예와 권력이 보장된 벼슬자리에서 물러나려 한 것일까?

퇴계의 사상과 철학을 두고 많은 학자들이 다양하게 해석하고 있지만
그는 사상과 철학을 주장했다기보다는 오히려 '비워둠', '내려놓음'이라
는 보기 드문 행동으로 세상과 대화하려 한 것이 아니었을까?

조선 중기, 정치가 혼탁하던 시대, 반대를 위한 반대가 판을 치던 시절
에 퇴계는 자신의 정치 참여가 "젊은 시절 세상에 나간 것은 어리석은 방
황이었다"고 고백하며, 선비란 자고로 벼슬을 바라기보다는 학문에 몰입
해야 한다고 주장했다. 그가 주장한 '무욕과 물러섬'이 갖는 진정한 의미
는 무엇이며, 그것이 사대부 사회에 미친 영향은 과연 어떠했을까?

병고와 시련을
딛고 서다

퇴계 이황은 1501년(연산군 7년)
에 안동의 예안현 온계리에서 태
어났다. 그런데 이듬해 아버지가 세상을 떠나고 말았다. 두 살도 되
지 않아 아버지를 여의었으니 그는 부친의 얼굴도 기억하지 못했다.
어머니와 형의 보살핌을 받았으나 이황은 그리 튼튼하지 못했다.

이황의 어머니는 과부의 자식이라는 소리를 듣지 않게 하려고 아
들을 엄하게 가르쳤다. 어린 시절부터 감수성이 예민하고 도덕성이
뛰어났던 그는 이런 가정사와 교육환경 때문에 더욱 조숙하고 섬세
해졌다.

이러한 성격을 가진 인물에게는 모든 것을 자신의 탓이라고 여기
고 남들보다 늘 바로 서야 한다는 강박감을 갖는 경향이 자주 나타난

다. 이황도 다르지 않았는데, 오히려 더하면 더했지 못하지 않았다. 이 때문에 그는 자신을 아주 엄격하게 채찍질하고 반성하는 자세로 한평생을 살았다. 타락하고 더러운 것에 예민하게 반응하는 이황의 심성은 어린 시절에 이미 형성되었던 것이다.

또한 이황은 스스로를 살피는 것이 추상같아서 여섯 살이었음에도 스스로 머리를 빗고 정좌해 책을 읽었으며, 어른이 부르면 자다가도 벌떡 일어나 달려갈 정도로 주의가 깊었다. 어린아이들은 잠이 많은 법인데 그는 늘 긴장하며 지낸 듯하다.

이황은 글공부에 대해서도 자신의 부족함을 늘 탓하는 타입이었다. 중종이 보위에 오른 1506년부터 그는 숙부인 송재 공松齋公 이우李堣에게서 『논어』를 배웠다. 이우 역시 이황을 엄하게 가르쳐서 그가 조금이라도 느긋해하거나 대충하는 것을 용서하지 않았다.

이렇게 엄격한 분위기에서 공부를 시작한 터라 이황은 지나치다 싶을 정도로 열심히 공부에 매달렸다. 또한 그는 글 읽기를 너무 좋아해 청량산의 청량암으로 책 궤짝을 메고 올라가 책을 다 읽어야 내려오곤 했으며, 도연명과 두보의 시를 좋아해 어릴 적부터 시도 많이 지었다.

이황은 17~18세 때에 밤낮을 가리지 않고 책을 읽어 실성할 지경에 이르기도 했고, 20세 때에는 침식을 잊을 정도로 『주역』에 몰입한 나머지 이췌(몸이 몹시 마르는 병)에 걸리기도 했다.

그러다 보니 이황은 늘 크고 작은 질병에 시달렸고 만년에는 소화

불량과 설사, 감기가 끊이질 않았다. 이런 질병들은 그가 관료 생활을 부담스러워한 중요한 이유 가운데 하나였다. 그렇지만 그는 벼슬은 그만둘지언정 책은 놓지 않았다.

가족 간의 정에 굶주린 외로움도 이황을 힘들게 했다. 특히 형인 이해李瀣와 각별한 정을 나누었는데, 그는 형과 떨어질 때면 너무도 가슴아파했기 때문에 어머니에게서 야단을 많이 맞아야 했다.

이황의 어머니는 그가 유약하다고 느꼈는지, 뜻이 높고 깨끗한 그가 세상살이에 맞지 않을 것을 우려해 "너의 벼슬은 한 고을의 현감이면 마땅할 것이지, 높은 벼슬아치가 되어서는 안 될 것이다. 아마도 세상이 너를 받아들이지 않을지도 모른다"고 충고하기도 했다. 어머니의 말대로 질병이 잦은 데다 정이 많은 이황은 입신출세가 우선인 현실 세상과는 어울리지 않았다.

힘들게 얻은 벼슬을 돌같이 여기다

청년기에 접어들었을 무렵 이황은 숙부인 이우를 따라 영가永嘉(현재의 경상북도 안동시)에 간 적이 있다. 후일 관찰사까지 지낸 송재공은 당시 안동 부사였다. 그때 친구들과 더불어 들에 사냥을 나가 술을 마시고 질펀하게 놀던 이황은 그만 말에서 떨어지고 말았다. 술에서 깨어난 그는 크게 뉘우쳐 다시는 그런 실수를 하지 않으려고 노력했고, 후일 제자들 앞에서 그 이야기를 회상하며 늘 자신을 돌아보았다.

이황과 같이 공부한 동료 선비들은 장난치고 희희덕거리다가도 그가 나타나면 금방 자리를 고쳐 앉고 옷매무새를 바로잡을 정도로 그를 공경했다. 친구 사이에도 이러했으니 후학들은 말할 것이 없었다.

19세 때 이황은 『성리대전性理大全』의 처음과 끝의 두 권을 읽고서 갑자기 마음이 즐겁고 눈이 뜨이는 듯하여 깊이 생각하며 오랫동안 익히다가 보니 차츰 글이 이해되고 학문의 길을 얻은 듯했다고 한다. 그의 학문적 득도가 이때부터 이루어지기 시작했던 것이다.

그러나 이황의 벼슬길은 그리 쉽게 열리지 않았다. 이것은 그가 목숨 걸고 과거를 준비하는 다른 선비들처럼 공부하지 않고 그저 주위에서 보라고 하니 대충 보았기 때문이다. 그는 24세 때까지 연거푸 세 번이나 낙방을 했다. 그러던 그가 이를 악물고 공부에 매달린 것은 어느 날 늙은 종이 자신을 "이 서방", "이 서방" 하고 불러 찾는데 달리 호칭이 없어 그리 부르는 것임을 깨달아서였다. 결국 그는 28세 때 진사 시험에 2등으로 합격했다. 하지만 그는 합격 발표도 기다리지 않고 고향으로 돌아가 버렸다. 명리에 좌우되지 않으려는 그의 단호한 모습을 엿볼 수 있는 대목이다.

이황은 중종 29년(1534년) 식년문과에 을과로 급제하며 벼슬길에 올랐다. 그러나 그는 학문의 길이 벼슬의 길보다 우선한다고 여겼다. 조금씩 벼슬이 올랐으나 그는 관직의 등급에 개의치 않았다. 어머니를 고향 가까이서 모시지 못하는 것을 늘 안타까워하던 그는 3년 후 어머니 박 씨가 세상을 떠나자 자신을 죄인으로 여겼다.

이황의 성품은 벼슬을 하기에는 너무 아름다웠다. 죄인을 벌주고 다스려야 하는 형조정랑으로 있을 때 그는 매번 죄인을 다루고 나면 식탁에 앉아 밥을 제대로 먹지도 못했다. 죄인을 벌줌에도 안타까움이 앞섰던 것이다.

40세 때 이황은 정5품 홍문관 교리가 되었는데, 궐에 들어온 모든 관리들이 떠들고 재담을 나눌 때에도 그는 책읽기를 게을리 하지 않아 주위를 숙연케 했다. 또한 임금이 주재하는 경연에 출입하면서부터 그의 높은 학문과 깨끗한 자세가 높이 평가받기 시작했고, 지조 있는 선비들은 모두 이황을 우러렀다. 그는 임금에게 덕을 가르치면서도 물러남과 나아감에 조금도 부끄러움이 없도록 처신했다.

이황은 이듬해 젊은 문신들이 임금의 명으로 직무를 쉬며 글을 읽고 학문을 닦던 제도인 사가독서로 특별휴가를 얻었다. 그런데 그는 독서당에 나가 책읽기만 계속해 독서당 관리들이 독서당에서 가장 오래 견딘 사람은 퇴계 선생이라고 칭송할 정도였다. 그는 소화불량과 안질 등으로 고생했음에도 손에서 책을 놓은 적이 없을 만큼 열정적인 학구열을 보였다.

그러다 보니 이황의 청렴하고 결백한 자세를 시험해보고 싶어 하는 사람이 나오기도 했는데, 이황이 평양에 임무차 나갔을 때 평양 감사가 자신의 누이라고 속여 한 여인을 천거했으나 그는 끝내 여인을 돌아보지 않았다는 이야기가 전해온다.

건강 못지않게 이황은 가정적으로도 편안하게 살지 못했다. 가화만사성이라는 말은 그에게는 어울리지 않는 단어였다.

이황은 첫 번째 부인이 일찍 죽고 난 다음 두 번째 부인을 맞이했지만 그녀는 갑자사화로 가족이 심한 고통을 겪은 권질의 딸이었기에 정신이 온전치 못했다. 그녀는 우울증에 걸려 실성한 모습으로 지낸 적이 더 많았다. 그럼에도 이황은 어려움을 입 밖으로 내지 않았고 오히려 남편의 도리를 다했다. 그러다가 두 번째 부인마저 죽자 첫 번째 부인의 아들들로 하여금 극진하게 3년상을 치르게 했을 정도로 그는 가정의 평화를 지키려 애썼다.

물러남의 모범으로
사대부 사회를 교화시키다

동고 이준경이 앞으로 나가는 관료 지향형 선비였다면 퇴계 이황은 상대의 동의를 얻기 위한 설득력이나 달변의 정치력에 의존하기보다는 학문하는 자세와 진퇴를 분명히 하는 모습으로 비춰지기를 원했다. 특히 물러나야 할 때, 자신이 부족하다고 느낄 때 스스로 알아서 물러나는 자세를 보이는 것이 중요하다고 여겼다.

그는 조정에서 무려 140여 직종에 임명되었으나 일흔아홉 번을 사퇴했다. 사퇴한 것만으로 따지면 그는 조선 관료들 중 단연 최고였다.

이 가운데 서른 번은 수리되었지만 마흔아홉 번은 마지못해 자리를 맡아야 했다.

사퇴하는 이황을 만류하다가 세월이 흐르면서 더 높은 자리가 주어졌고 그는 그 자리를 또 마다하고 사퇴하는 일이 반복되었다. 그러자 주위에서 벼슬을 올리기 위해 그가 일부러 그렇게 한다는 비판의 소리가 터져 나왔다.

그러나 이황은 그들과 직접 상대하기보다는 몸소 자

• 이황 초상 이황은 건강하지 못했으나 현실 물질과 명예, 부귀영화를 멀리하고 학문에만 매달림으로써 조선 사대부의 정신적 지주로 자리매김했다.

신을 낮추고 절제하며 실천하는 모습으로 소통하고 싶어 했다. '벼슬에서 물러남'은 관료와 선비들에게 그만이 보여줄 수 있는 실천적 대화방식이었다. 그는 임금을 봐서는 올라가야 하지만 썩어빠진 관료 사회를 붙잡고서는 아무 일도 할 수 없다고 생각했다. 차라리 후학들에게 제대로 학문을 가르쳐 점진적으로 혁신을 이루어내는 것이 옳다고 판단했던 것이다. 이 점에서는 현실 정치에 몰두한 율곡 이이의 삶과 크게 대조된다. 이이는 죽기 1년 전까지도 질병에 걸린 몸으로 병조판서를 맡았다.

그렇다고 이황이 마냥 물러나기만 한 것은 아니다. 그는 왕이 세 번쯤 부르면 한 번은 응해서 왕의 기대를 어느 정도 채워주고 다시 물러났다.

과연 어떤 삶이 옳았을까? 지금도 이 문제에 대해서는 설왕설래, 학자들 간의 의견이 대립되고 있다. 그럼에도 이황이 혁신과 개혁을 원하지 않아 은둔 생활만 했다고 보거나 그를 소극적 보신주의자로 평가하는 이는 아무도 없다. 그는 진실하게 학자의 삶을 살며 후학들을 키워냈고, 직접 세상과 부딪쳐가며 반성하고 절제하는 삶을 살았기 때문이다.

이러한 이황의 정신은 고상한 말과 인격으로 나타났으며 위민정신으로 실천되어 백성들 중 그를 우러르지 않은 이가 없었다. 사대부 사회에서도 그의 삶을 본받으려는 움직임이 일어났고 그의 학문을 계승하려는 이들이 늘어갔다.

학봉鶴峯 김성일金誠一이 기록한 이황의 삶을 읽어보면 조선 사대부에 미친 그의 영향력이 얼마나 컸는지 짐작할 수 있다.

(퇴계 선생의) 나아가기를 어렵게 하고 물러나기를 쉽게 한 지조는 비록 분賁과 육育(중국의 맹분孟賁과 하육夏育)과 같은 자라도 빼앗지 못할 것이다. 근세의 사대부들은 독서를 하면 다만 과거 합격에서 오는 이익만 알고 성현의 학문이 있다는 것을 모르며, 벼슬을 살면 오직 임금의 사랑이나 국록의 영화만 알아서 깨끗이 물러나는 절개를 몰라 그저 눈치코치

조선참모실록

도 없게 되었다. 그러나 한번 선생이 몸을 일으키자 사대부 되는 자는 비로소 사람됨의 길이 저기에 있지 않고 여기에 있다는 것을 알았다.

– 김성일, 『퇴계선생실기』

또한 조선 중기에 임금과 관료 사회를 통렬하게 비판한 조식 같은 이조차 이황을 가리켜 "이 사람은 제왕을 돕는 학문을 지녔다"고 말한 바 있다. 이황의 삶 자체가 이미 선비의 교과서가 되었다고 할 만큼 그의 영향력은 지대했다.

어려운 상황일수록 정도를 걸어가다

이황은 시국이 어지러워질수록 더욱 자신의 길을 묵묵히 걸어갔다. 그가 출사한 시기는 중종의 뒤를 이은 인종이 병을 얻어 재위 8개월 만에 죽자, 불과 열두 살밖에 안 된 동생 명종이 왕위에 올랐고(1545년) 문정왕후가 수렴청정하면서 나라가 혼란에 빠져 있던 때였다.

그 후 대윤(인종의 외삼촌 윤임尹任 일파)과 소윤(윤원형 일파) 간의 갈등으로 그 유명한 을사사화가 발생했다. 이 사건의 여파로 대윤이 몰락하고 5~6년에 걸쳐 복수와 형벌이 계속되었는데, 죽은 자의 수가 100여 명에 달했다. 사대부들은 어느 쪽에 줄을 대야 살아남을지에 대해서만 관심을 두고 백성의 안녕이나 국방에는 아무 신경도 쓰지 않았다. 그 때문에 양재역에 문정왕후를 비난하는 벽서가 나붙었고, 이를 계기로 옥사가 일어나는 등 조정이 어수선했다.

또한 양주의 백정 출신 임꺽정이 1559년에서 1562년 사이에 황해도와 경기도 일대에서 탐관오리를 죽이는 등 민란이 횡행했고, 밖으로는 삼포왜란 이래 세견선의 감소로 국가 경제가 어려움에 처했다. 한편 1555년에는 왜인들이 배 60여 척을 이끌고 전라도 일대인 영암, 장흥, 진도 등에 침입한 사건인 을묘왜변이 발생했다.

그러나 조선의 지도부는 정세 판단에 게을렀다. 이해가 충돌하는 일에만 몰두해 위민정신이나 관료와 사대부의 의무 같은 기본적 책무에는 아무 관심이 없었다.

이러한 때 이황은 벼슬길에 나갔으나 권력에 길들여지지 않았고 스스로도 탐하지 않았다. 그는 권력의 실세인 김안로가 만나자고 했으나 선비가 나갈 길이 아니라며 권력자를 찾아가지 않았다. 이에 김안로는 앙심을 품고 그의 승진을 가로막아 시련을 맞기도 했다.

여러 벼슬이 주어졌지만 역시 이황에게는 부자연스러운 자리였다. 그에게 관직이란 거추장스러운 짐이었다. 당연히 정적들의 견제와 해코지가 늘 따랐다. 결국 을사사화 때는 권신에게 밉보여 관직이 삭탈되었다. 하지만 어떤 자리도, 어떤 물욕도 부리지 않은 그가 아니던가? 죄 없는 사람을 벌줄 수 없다는 여론이 비등하게 일어나 그는 곧 복직되었다. 이황이 청렴하고 덕을 세우며 중도를 지키는 인물임은 명종과 관료들은 물론 백성들도 익히 알고 있었던 것이다.

이황이 지방 목민관을 지낼 때도 그를 높이 보고 배우려는 학자들이 자주 찾아왔다. 그는 명성에 비해 워낙 사직을 계속하는 바람에 그다지 높은 벼슬을 하지 않았지만 벼슬자리로 나갔을 때만큼은 맡은 일을 완벽하게 처리해 내외의 경탄을 불러일으켰다. 이 때문에 이황을 찾은 이들이 한결같이 이야기한 것은 그의 청렴함과 단아함, 목민관으로서의 흔들림 없는 직책 수행심 등이었다.

이황의 관료 시절 일화들은 그의 올곧은 공직 자세를 엿보게 해준다. 47세 때 퇴계는 안동 부사에 제수되었으나 부임치 않고 있다가 48세 때 다시 단양 군수에 제수되자 하는 수 없이 그 자리를 맡아야 했다. 당시 단양은 단양천과 남한강이 있어 수량이 풍부한 곳이었는데 그가 부임하기 전 3년 동안 심한 가뭄이 겹쳐 백성들은 굶주림에 시달렸으며 도탄에 빠져 있었다.

이황은 부임하자마자 단양처럼 물이 많은 곳이 왜 가물어 농사조차 짓기 어려운지를 살펴보았다. 그러고는 단양에 물을 가둬둘 수 있는 저수지가 없음을 알아내 이를 설치하기로 했다. 그는 인원을 동원해 탁오대 옆 여울목에 복도소復道沼라는 저수지를 만들었고, 그 후부터는 단양 지방에 홍수나 가뭄이 오지 않아 고을 백성들이 침이 마를 정도로 그를 칭송했다고 한다.

단 9개월의 임직 기간 내내 이황이 얼마나 백성을 위해 일했는지는 그가 10월에 풍기 군수로 이임하게 되자 온 고을 백성들이 뛰어나와 임지로 가지 못하게 붙잡은 모습을 보아도 알 수 있다.

이황은 풍기 군수로 재임하며 중종 때 주세붕이 세운 백운동서원을 소수서원으로 사액을 받게 만들기도 했다. 사액이란 임금이 서원이름을 지어 그것을 새긴 현판을 달도록 한 것을 뜻한다. 백운동서원은 우리나라 최초의 사액서원이다.

이처럼 지방 관료로 최선을 다한 이황은 얼마나 청빈하게 지냈던지, 군수 직을 그만둘 때 책 꾸러미 몇 개만 갖고 돌아갔다고 전한다.

50세를 넘기자 이황은 원래 병약하던 몸이 더 나빠져 꼬챙이처럼 말라갔다. 질병이 그를 본격적으로 괴롭혔던 것이다. 52세 때 그는 다시 조정에 나와 일했는데, 명종이 21세가 되자 수렴청정하고 있는 문정왕후에게 임금에게 정권을 돌려주라고 요구하는 교서를 올려 문정왕후를 놀라게 했다. 그만이 할 수 있는 담대한 충언이었다.

그럼에도 이황을 함부로 비난하지 못한 이유는 그가 물러섬과 나아감에서만큼은 원칙과 절도를 지켜 한 치의 흔들림도 없어 모두의 우러름을 받았기 때문이다.

다산 정약용은 후일 이황의 가르침에 대해 "퇴계 선생의 가르침을 읽으면 손뼉치고 춤추고 싶으며 감격해서 눈물이 나온다. 도가 천지간에 가득 차 있으니 선생의 덕은 높고 크기만 하다"고 극찬했을 만큼 그는 정도를 지킨 위대한 학자였다.

깨끗하지 않은 자
물러나라

이이가 적극적으로 정치에 관여하고 현실에 발을 붙이려고 했다면 이황은 '물러남'을 미덕으로 여겼고, 자신의 물러남이 타락한 정치판에 자극이 되어 새로운 개혁이 일어나길 원했다.

곧, 깨끗하고 자격이 있는 인물이 아니라면 벼슬에서 물러나라는 충고였다. 이는 자신같이 비교적 깨끗하게 살려는 사람도 물러나는데 타락한 벼슬아치들이 조정에 머물러서야 되겠느냐는 것일 수도 있다. 권력을 가진 자들이 자격이 없는 상태에서 나라를 다스리면 안 된다는 경고였을 것이다.

명종이 죽고 10대의 나이로 즉위한 선조는 1567년 7월 6일 무너진 교육과 정치 질서를 바로잡아 달라며 서울에 머물고 있던 노령의 이황을 불러냈다. 예조판서 겸 동지경연사이자 춘추관사의 자리였다. 그러나 나라를 위한 마지막 봉사가 될지도 모를 기회를 그는 과감하게 거절했다.

　"이미 늙었고 재지才智가 큰일을 담당하기에는 부족하며, 또 세상이 쇠퇴하고 풍속도 야박하여 위아래에 믿을 만한 사람이 없어 유자儒者가 무엇을 하기에는 어렵겠습니다."

　당시 이조좌랑이었던 이이는 간곡하게 이황의 사직을 말리며 정치 일선에 남아달라고 부탁했다. 그러나 이황은 몸이 늙고 병든 탓을 하며 더 이상 머물고 싶지 않다는 뜻을 밝혔다.

　선조는 그해 10월에 경연에서나마 볼 수 있기를 기대하며 다시 이황을 불러냈다. 그는 하는 수 없이 11월에 조정에 나와 경연에 참가하는 등 몇 번의 서울 나들이를 했지만 끝내는 도산에 칩거하며 후학을 가르치는 일에만 몰두했다.

　이이는 이황이 정치에서 발을 빼버린 일을 몹시 서운해하며 자신은 오히려 적극적으로 정치에 발을 담그고 개혁을 외쳤다. 그러나 이이는 이황이 끝내 범하지 않으려 했던 더러운 정치판의 소용돌이에 휩쓸려 당쟁을 부추기는 데 영향을 미친 것도 사실이다. 이황은 이런 부정적인 미래를 이미 예견했던 것이었을까?

　이황은 이이와는 사뭇 다르게 스스로 절제하고 반성하는 모습의 선비정신을 전파하려고 했다. 한마디로 '선비는 깨끗해야 한다', 곧 '더러운 것에 물들지 않아야 선비가 되며 그로써 국록을 먹을 자격이 된다'는 것이었다.

문봉文峯 정유일鄭惟一은 이황의 됨됨이를 일컬어 이런 말을 했다.

"(퇴계 선생은) 남과 말할 때는 생각한 다음에 말하고 비록 갑작스럽고 급한 일일지라도 말을 빨리 하거나 조급한 기색을 보인 적이 없다. 그의 가슴속은 시원하고 그의 멋은 드맑았다. 그는 인간사에 등한한 것 같았으나 조리의 치밀함이며 일을 다루는 데 있어 상세함은 저울 눈금만큼의 차이도 없었다."

이황을 찾아온, 혹은 그를 공경한 조선의 선비들은 그의 결벽에 가까운 반성과 절제의 정신을 듣고 크게 감탄했고, 그의 심성과 깊은 도덕심에 크게 경탄해 마지않았다.

임금에게 벼슬하는 자의
도리를 말하다

명종은 1558년 6월 9일 안동의 예안현에 돌아가 있던 이황을 간절하게 청해 다시 불러올렸다. 그의 나이 이미 60세에 가까웠고 병이 들어 거동이 자유롭지 못한 노학자였다.

명종은 이황의 집에 하인이 없다는 소리를 듣고 하인을 붙여주라고 하는 등 자상하게 배려해주며 그를 곁에 두고자 했다. 이미 숱한

조정의 원로들과 중신들이 이황을 불러올리라고 임금에게 진언했다. 명종으로서는 계속해서 벼슬을 마다한 이황을 불러내는 것이 탐탁하지 않았을지도 모른다. 하지만 존경받을 만한 어진 선비를 찾기 어려운 시기였기에 명종은 이황을 불러 어지러운 조정의 해결사로 삼으려 했던 것이다.

그러나 이황은 칭병과 함께 자격의 부족함을 거론하며 다시 상소를 올렸는데, 이때 임금을 섬기는 다섯 가지 의리를 언급했다.

"무엇이 의리냐 하면 일의 합당한 것이 의리입니다. 그렇다면 어리석음을 감추고 벼슬자리를 차지하는 것이 합당합니까? 병으로 일을 보지 못하면서 녹을 타먹는 것이 합당합니까? 터무니없는 명성으로 세상을 속이는 것을 합당하다 하겠습니까? 그른 줄 알면서도 덮어놓고 나아가는 것을 합당하다고 하겠습니까? 직책을 다하지 못하면서 물러나지도 않는 것을 합당하다고 하겠습니까? 이 다섯 가지 합당치 못한 것[五不宜]을 가지고 벼슬을 하고 있다면 신하 된 도리가 어떻겠습니까? 신이 감히 벼슬에 나아가지 않음은 단지 의義라는 글자를 위해 가려는 것인데 사람들은 도리어 '임금의 명을 지체함은 의리에 합당치 않다'고 저를 공격합니다."

상당히 거친 어조이며 직접적인 표현이다. 여유, 은둔, 자조의 이황과는 사뭇 다른 표현방식이다. 그만큼 그는 절박한 심정이었다.

이 상소에서 이황은 자신이 벼슬을 하지 않으려는 것이 군주에 대한 배신이 아니라 군주에 대한 의리를 지키는 것이며, 벼슬아치로 나아가려는 사람의 도리는 이러해야 한다고 정의를 내리며 자신을 변호했다.

이황보다 한참 후배인 성호星湖 이익李瀷은 나라를 망국으로 이끄는 것으로 노비, 과거, 벌열(벌족), 기교(기찰군관), 승려, 나태한 자를 꼽아 지도층인 양반들의 부도덕함과 관료주의 조선 사회가 나라를 망치고 있다고 분석했다. 또한 이익보다 더 뒷세대인 다산 정약용도 『목민심서』에서 지방관의 도리를 언급한 바 있다.

그러나 이황은 이들보다 훨씬 앞선 세기를 살면서 이미 16세기 조선 사회의 근본적인 문제점을 관료 사회의 부실 때문이라고 지적했다는 데 주목할 필요가 있다.

이황은 선비들의 '의리'를 거론하고 벼슬하는 관료들의 자세와 도덕성, 인격 문제를 목민관의 근본 자격으로 꼽으며, 조선 중기 사회가 난맥상에 빠진 원인을 임금에게 되물었던 것이다.

그가 이 상소의 앞뒤에 덧붙인 글을 보면 관료를 최종적으로 추천하는 재상급의 관료와 이를 승인하는 임금의 자세에 대해서도 냉철하게 문제점을 지적했음을 알 수 있다. 그의 주장은 이러했다.

"사람을 잘 쓰지 못하는 사람은 그 사람의 재능에 합당한 것을 헤아려보지도 않고 작은 재능을 큰 재능으로 여기고 단점을 장점으로 여겨 잘못 시키고 억지로 책임 지우는가 하면 비록 그 사람이 제 스스로 감당하지 못함을 알고 물러나려 해도 들어주지 않을뿐더러 뒤따라 더 무거운 소임을 맡깁니다."

결국 이렇게 억지로 떠맡겨진 임무를 잘못하면 형벌이 따르고 변론할 사이도 없이 더럽고 천하게 취급받는다는 것이 이황의 주장이었다. 한마디로 인사권자의 책임을 묻고 있으며 나아가 최종결정권자인 임금도 조선 관료 사회의 부패와 쇠퇴에 책임이 있음을 지적한 것이다.

이황은 왜 이렇게 관료들의 자세에 대해 예민하게 이야기했을까?

15세기와 16세기는 조선 정치가 앞으로 발전하지 않고 거꾸로 흘러간 시기였다. 연산군 등극 이후 시작된 무오사화(1498년), 갑자사화(1504년)를 필두로 중종 때 조광조 등 신진 사림이 숙청당한 기묘사화는 조선 사회의 질서를 크게 흔들어놓았다.

또한 외척과 문정왕후의 독단이 불러온 독재와 권력의 일방적 독주는 관료 사회의 질서를 무너뜨려 나라의 기강을 망쳐놓았고 반정으로 이어진 조정은 도덕과 염치의 실종을 드러냈다. 이 시절 이황 역시 큰 피해자였다. 을사사화로 억울하게 형을 잃었고 자신도 삭탈관직당하는 수모를 겪었다.

이런 경험들을 통해 이황은 양반 사대부들의 혁신 없이는 조선 사회가 건강해질 수 없다고 보았다. 그래서 그는 직업 관료가 되기를 소망하고 기대하는 자들, 곧 조선 사대부들에게 진정한 선비와 관료의 모습은 어떠해야 하는지를 설파하고 싶었고, 자신을 지켜보는 많은 사대부들이 자신이 벼슬에서 물러나고 나아가지 않는 연유를 심각하게 생각해보고 진정한 의미를 깨닫기를 원했던 것이다.

조선의 백성들, 그에게 희망을 걸다

이황은 아무런 욕심도 없었고, 앞에서 잘난 체하는 일이나 뒤에서 남의 이야기를 하는 법이 없었다. 그가 서울에서 세 들어 살 때 이웃집 밤나무 가지가 자신의 집 담장 너머로 뻗쳐 있어 다 익은 알밤이 뜰에 떨어지곤 했다. 그는 집안 아이들이 그걸 주워 먹을 것을 염려해 뜰에 나가 담 너머로 밤을 던져 넣어줄 정도로 절제와 정도의 삶을 살았다. 그렇다고 그가 여느 사람에 비해 튀거나 유난을 떤 것도 아니었다. 그는 오로지 성리性理의 학문에 전념하다가 『주자전서朱子全書』를 읽고서는 그것을 좋아해 한결같이 그 교훈대로 따랐다.

이황은 학문의 도를 어느 정도 깨닫자 더욱 더 겸손해져서 그의 사상을 배우려는 학자들이 사방에서 모여들었다. 있는 체, 아는 체하지 않고 스스로 몸을 갈고 닦으니 그에게서부터 학문하는 분위기가 새로워졌다는 말이 나오기도 했다. 그럼에도 그는 특별한 저서를 쓰려 하지 않았고, 학문을 강론하고 익힌 것을 가르치며 이단異端을 분별했는데, 논리가 정연하고 명백했다.

이름 있는 학자들이 퇴계를 따르는 모습을 보며 백성들은 이황에게 새로운 정치의 구현을 원했다. 그러나 그는 말로 보여주는 정치가 아니라 나아감과 물러섬의 도리를 몸으로 가르쳤다. 정치에 도전하려는 수많은 사대부들에게 정치하는 선비의 정신을 먼저 가르치고 싶어 했던 것이다.

민중들은 이 같은 이황의 깨끗하고 아름다운 선비정신을 설화에 반영했는데, 격암格菴 남사고南師古와 이황의 도술 이야기는 당시 조선 백성들이 그를 어떻게 보고 있었는지를 암시해준다.

『격암유록』을 지은 남사고는 도술가로 알려져 있지만 사실 그는 유학자였으며 선조 초기 천문 교수로 발탁되어 당대 최고의 천문지리가로 평가받고 있다.

남사고가 어느 날 이황을 찾아왔다. 구체적인 시기와 장소는 전하지 않지만 두 사람이 마주친 시간은 하필 점심식사 때였다. 밥상에는 보리밥과 고추장 외에는 다른 반찬이 없었다. 남사고는 도술을 부려 잉어회를 만들어 나누어 먹자고 했다. 그러나 이황은 남의 잉어를 빼앗아 먹을 수 없다며 한 점도 먹지 않았다고 한다. 이렇듯 이황은 설화 속에서도 남의 재산은 탐내지 않는 결벽한 모습을 보여준다.

이 일화에서 이황은 실상 남사고보다 예언과 도술을 잘 부리고, 귀신 축사도 자유자재로 하는 신비스러운 인물로 묘사되어 있다. 백성들은 조선 사대부들에게 존경받는 그가 자신들의 아픔을 대변하는 도인이 되어주기를 기대했는지도 모른다.

이것은 이황이 사람을 대할 때 귀하거나 천한 것을 따지지 않았고 어리석음과 현명함을 가리지 않았기 때문이다. 그는 사람을 함부로 사귀지 않았고 명예를 좇는 사람을 피했으며, 물건을 주고받을 때에도 오직 의義를 앞세워 옳지 않은 것을 절대 받지 않았다. 심지어 조정에서 여러 번 그에게 콩과 쌀을 내렸는데, 그가 이것을 받자마자 주변에 나누어주어 정작 그의 부인은 쌀을 꾸러 다녔다는 이야기도 전한다.

이렇듯 이황은 존경받는 인물이기에 조선의 민중들은 그가 절대적 신비주의자가 되어주기를 꿈꾸었던 것이다.

마지막까지
충신의 자세를 잃지 않다

이황은 도산서원으로 돌아온 뒤부터 적극적으로 후진을 양성했다. 그는 학자이면서도 교육자로서의 길을 쉼 없이 걸었고 제자와 후학들에게 많은 이론적 바탕을 제공했다. 평생을 겸손함으로 무장하고 살아간 그였기에 후학들 모두 그를 최고의 스승이라고 인정하고 그 뒤를 따르려고 애썼던 것이다.

도산서원에 서당을 연 이황은 『근사록』같이 인간의 도리가 담겨 있는 학문을 가르치려 했으나 부모들은 이런 그를 싫어했다. 그들은 학문이 벼슬로 가는 지름길이 되기를 원했고 이황은 오히려 학자로서의 선비정신을 강조했기 때문에 갈등이 수그러들지 않았다.

그럼에도 이황은 교육자로서 학문의 진심을 전달하는 데 주저하지 않았다. 그는 제자들에게 학문을 성취하지 않은 상태에서 벼슬살이에 나가서는 안 된다고 충고했고, 학문에 대해서는 도의 규범 확립에 목표를 두어야 한다고 강조했다.

한편 이황은 정치에서는 손을 뗐지만 선조가 걱정되는 것은 어쩔 수 없었는지 늘 임금을 그리워하다가 마침내 한 가지 해법을 만들어 냈다.

어린 선조가 애써 만들어준 자리마저 거절한 채 돌아온 것에 대한 보답으로 『성학십도聖學十圖』를 지어 올렸던 것이다. 이는 68세의 노학자 퇴계 이황이 17세의 선조 임금에게 올린 마지막 충성이었다.

• 도산서원 도산서원은 이황이 학문을 성취하고 후학을 키워낸 산실이며, 조선 선비의 귀감이 될 만한 곳이다. 경상북도 안동시 도산면 토계리 소재.

『성학십도』는 학문하는 비결을 가르쳐주는 그림책인데, 성리학을 그림과 도표로 설명해 선조를 성왕聖王으로 이끌기 위한 목적을 담고 있었다. 이황은 이 책을 바치며 "나의 보국報國은 이제 이것뿐이다" 라고 했다. 이미 그는 자신의 죽음을 예견했기에 선조에게 꼭 하고 싶은 말을 이 책으로 대신한 것이다.

곧 퇴계가 경연에 입시했을 때 선조가 성군이 되기를 바라며 성학 의 대강을 강의하고 심법心法의 요점을 설명하기 위해 여러 성리학자 들의 도설圖說에서 골라 책을 엮고, 각 도식 아래 자신의 의견을 서술

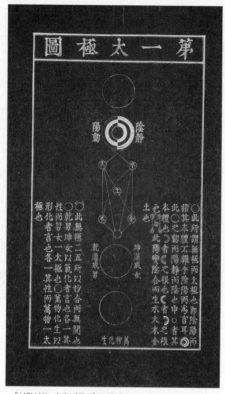

• 「성학십도」 '제1태극도' 이황은 군주가 성군이 되기를 바라며 그림과 도표로 성학의 강론을 제시했다.

해 왕에게 강론했던 것이 『성학십도』이다.

십도十圖란 태극도太極圖·서명도西銘圖·소학도小學圖·대학도大學圖·백록동규도白鹿洞規圖·심통성정도心統性情圖·인설도仁說圖·심학도心學圖·경재잠도敬齋箴圖·숙흥야매잠도夙興夜寐箴圖 등의 열 가지를 뜻한다.

이에 선조는 기뻐하며 이를 병풍으로 만들라고 명하고 좌우에 펴서 보는 이들이 다 이를 익히 알도록 했다.

후일 중국의 문사들은 『성학십도』를 읽고 난 후 "퇴계의 학문은 정주程朱의 학문과 다름이 없다" 하며 감탄했다. 정주는 중국 송나라 때의 정호程顥, 정이程頤와 주희朱熹(주자朱子)를 어울러 이르는 말이니 최고의 칭송이었다.

이듬해 이황은 다시 임금을 만나고 돌아오면서 남북의 외적을 주의하라고 지적했다. 여진과 왜를 무시하지 말고 멀리하지도 말며 적당하게 그들과 친선을 유지하라는 뜻이었다. 임진왜란이 일어나기 20여 년 전의 일이었으니 그의 예견은 정확히 들어맞았던 것이다.

그로부터 2년 후인 1570년, 퇴계 이황은 70세를 일기로 세상을 떠났다. 그해 11월 초 제사를 지내러 다녀온 뒤 그는 자리에 드러누웠다. 여러 날을 앓는 가운데서도 그는 책을 놓지 않았고, 11월 13일에는 제자들의 질문을 받고 그 깊고 얕음을 일일이 가르쳐주고 깨우치지 못하면 다시 여러 번 설명해주는 자상함을 보였다.

이황의 병은 더 깊어졌고, 12월 3일에는 이질을 앓았다. 그는 자신이 그토록 좋아한 매화에게 미안해하며 매화분을 옮기라고 했다. 그는 이날 빌려온 책들을 돌려주라고 하고, 이튿날에는 조카에게 유서를 쓰게 했다. 장례를 간소하게 하고 비석도 최소한의 것만 쓰라는 말도 잊지 않았다.

12월 8일 아침에는 눈이 한 치 정도 내렸다. 이황은 손발을 씻고 의관을 정비한 후 마침내 조용히 눈을 감았다.

한류의 큰 그릇으로 학문적 성가를 알리다

퇴계 이황은 세상을 떠났어도 그가 보인 덕행과 참 선비상이 후대에 널리 전해져 수많은 제자들이 줄을 이어 그를 연구했다.

정조는 퇴계 사후 200년 만에 조선의 르네상스를 구현할 목적으로 퇴계정신의 부활을 시도했는데, 그 방편으로 도산서원에서 과거를 치르게 해 이황의 높은 학식과 경륜을 후학들이 배우도록 명했다.

　또한 이황은 국내뿐 아니라 외국에도 상당한 영향을 미쳐 조선 지식인의 한류 붐을 일으켰다. 그의 사상이 세계적 철학으로 연구되고 있는 것이다. 일본, 중국, 대만, 미국과 유럽에서 퇴계를 공부하는 연구자들이 크게 늘어나고 있고 특히 일본에서 가장 활발하게 연구를 진행하고 있다. 이황의 사상은 임진왜란 때 일본에 전해졌는데, 일본 근세 유학의 양대 산맥인 기몬[岐門]학파와 구마모토[熊本]학파에 결정적 영향을 미쳤고 오늘날까지 이어지고 있다.

　퇴계학이 도쿠가와 막부에 의해 국학으로 채택되었고(기몬학파), 후일 구스모토, 모토다 등에 의해 메이지 유신의 이념으로 발전했다는 것은 일본인들 스스로도 인정하는 사실이다.

　중국에서는 개방 이후 퇴계 연구가 크게 유행해 「퇴계문집」과 후학의 글을 모은 『퇴계전서』가 번역됐고, 베이징대학교 대학원의 박사과정 전공자가 여러 명 있으며, 창춘長春중의학원(한의대)은 퇴계학과 한의학을 접목한 퇴계연구회를 공식 설립했다.

　미국에서도 하버드대학교 옌칭연구소를 비롯해 마이클 칼튼(워싱턴대학교), 시어도어 드 베리(컬럼비아대학교) 등 여러 학자가 이황과 그의 사상을 연구하고 있다.

　지금까지 이황을 연구한 논문 수만 1천 편이 훨씬 넘으니 그는 살

• 「퇴계집」 이황의 문집으로 시詩·교敎·소疏·차箚·제문祭文·행장行狀 등으로 구성되어 있다.

아 있을 때보다 죽은 후 훨씬 더 널리 알려졌다고 볼 수 있다.

선비다움을 가르친
큰 스승

퇴계는 어릴 적부터 질병으로 고통을 받으면서도 학문의 길을 접지 않은 몰입형 학자였다. 그는 출세하기 위해 학문을 한 것이 아니라는 점에서 다른 어떤 선비와도 비교될 수 없다. 율곡 이이와 동고 이준경이 현실 참여형 정치 관료였다면 그는 은둔형 학자에 가깝다.

이황은 권력의 중앙으로 가는 중앙집권적 혁신을 주장한 것이 아니라 오히려 권력의 중앙에서 지방으로 귀향하는 분산형 혁신을 주

• 이황 묘 이황은 학자의 모범이었고, 선비의 귀감이었으며, 조선의 양심이었다. 그의 묘는 단출하나 전국 40여 곳의 서원에서 그를 기리고 있다. 경상북도 안동시 도산면 토계리 소재.

장했다. 또한 그가 주장한 학문하는 자세의 원형을 복잡한 이론을 벗겨버리고 정리하면 '인간다움', '선비다움', '사대부다움'이라고 할 수 있다.

조선의 사대부 가운데 이황만큼 벼슬에 뜻이 없었던 사람이 있을까? 그는 관직에 적극적으로 나아가지 않고 학문에만 매달렸기에 그의 학문을 공리공담으로 무시해버리는 이들이 있으나 이는 그를 잘 모르고 하는 소리이다. 이황은 쓸데없는 공리공담을 경계하고 학문이야말로 가장 실생활에 도움이 되는 교훈이라고 주장하며 이를 적극 장려했다. 무엇이 옳고 그른지 구분하기 어려운 혼란의 시대에 퇴계는 삼가 자신을 조선 선비의 귀감으로 삼아주기를 기대하며 과감하게 명예와 권력과 부를 따르지 않고 물러나 자신의 학문을 닦았다.

퇴계 이황이 제시한 '사심 없이 군주를 모셔야 할 조선 선비의 진정한 자세'는 그 시대의 표준이었고, 지금도 훌륭한 가르침이 되고 있다. 그는 극악하게 부와 명예와 권력을 향해 무한질주를 계속하는 혼돈의 시대에 후학들을 향해 무욕의 리더십을 외치며 '버리고 나면 진정한 선비다운 정신을 얻을 수 있다'고 주장했던 것이다.

【4】

오리梧里 **이원익** 李元翼

현장으로 달려가
해결사를 자처하다

정적들도 감싸 안은 관용의 리더십

이
원
익

후세 사람들은 임진왜란 때 전란을 슬기롭게 수습한 인물로 유성룡과 이원익(1547~1634년)을 꼽는 것을 주저하지 않는다. 그런데 이 두 사람은 너무도 대조적인 삶을 살았다. 유성룡은 성품이 깔끔하고 매사에 철저해 '속이고 싶으나 속일 수 없는 사람'이라는 평가를 받았고, 이원익은 사람 됨됨이가 워낙 좋아 '속일 수 있으나 차마 속일 수 없는 사람'이라고 했다.

이 평가에서 보듯 오리 이원익은 언행과 성품이 훌륭해 정적들도 감히 그를 나무라지 못했다. 그만큼 그는 사통팔달했으며 조정의 상하를 두루 껴안았던 것이다.

황희나 이황처럼 널리 알려지지 않았지만 이원익은 전란과 정변의 와중에도 군주와 백성을 향한 충성심을 발휘해 조선 최고의 참모로 이름을 길이 남겼다.

이원익은 키가 너무 작아 상대방을 늘 올려다보며 이야기를 나누었지만 그 앞에 서서 머리를 숙이지 않은 관리가 없었으며 그가 모신 군주들조차 그에게 경의를 표했을 만큼 덕망이 높았다.

그러나 그의 생애는 가난했던 초반부나 정승으로 살았던 후반부나 늘 궁핍했다. 평생 동안 청백리의 삶을 살았던 이원익, 그는 혼탁한 조정에서 어떻게 중심을 잃지 않고 정적들까지 껴안는 극한의 관용을 보인 것일까?

지독한 가난과 사투를 벌이다

이원익은 초년 시절부터 가난에 시달렸다. 명색이 왕족의 후예인데 과연 그럴 수 있었을까 싶지만 사실 그는 어린 시절 다른 왕손들이 겪지 못한 지독한 가난과 질병을 끼고 살아야 했다.

이원익은 태종의 열한 번째 아들 익녕군 이치의 4세 손이다. 조선 건국의 실세 태종 이방원의 후예가 이렇게 가난해진 것은 성종 이후 제정된 '왕의 종친은 등용하지 않는다'는 법 때문이었다. 이원익의 가문은 나라에서 내려주는 것으로 먹고살아야 했고, 부친 함천군과 조부 청기군 등은 부와 명예에 대한 욕심이 없었다. 그러다 보니 누구도 왕래하지 않았고, 결국 누구도 돌아보지 않는 한미하고 보잘것 없는 가난뱅이가 되어버린 것이다.

이원익은 이런 가난한 가문에서 태어났지만 그의 출생과 초년 시절은 범상치 않았다. 이원익이 태어났을 때 동고 이준경은 형조참판이었는데 퇴궐하다가 범상한 기운이 북쪽 하늘에서 내려오는 것을 보고 시대를 이끌어갈 영웅이 탄생할 것이란 예감이 들었다. 이준경과 이원익은 후일 다시 운명적으로 만나게 된다.

이원익은 잘 먹지 못하고 큰 탓인지 늘 열에 들뜨거나 원인 모를 병에 시달렸다. 5세 때는 열병으로 죽음의 문턱까지 간 적도 있었는데, 한 삿갓도인이 나타나 산삼을 먹어야 살아날 것이라고 충고해주었다고 한다. 이원익의 모친 정 씨는 예전에 친정에서 얻어 온 산삼 씨를 기억하고는 애타게 찾았다. 그런데 씨가 담긴 봉지를 쥐가 쏠아서 산삼 씨들이 땅에 떨어졌고 그중 하나가 뒤꼍에서 싹을 틔워 졸지에 집안에서 산삼을 얻었고 이를 달여 먹여 병을 치료했다는 이야기가 전한다.

산삼과 관련된 이야기는 다시 훌쩍 세월을 건너뛴다. 이원익이 아직 과거에 급제하지 않은 때였다.

이준경은 이원익의 됨됨이를 익히 소문으로 들어 알고 있었다. 그는 명종이 널리 인재를 구하고 있을 때 "나라를 구할 큰 인물이 있습니다. 다만, 그 선비가 너무 허약하고 가난하니, 산삼을 먹여 튼튼하게 하면 나라의 앞날에 큰일을 하게 될 것입니다"라고 했다.

명종은 이준경을 신뢰해 직접 산삼을 내렸고 그 선비는 건강을 회복했는데 그가 바로 이원익이었다는 것이다. 훗날 명종은 자신이 산삼을 내려준 선비를 만나보았는데, 키가 난쟁이만 하고 볼품없자 후회하고 실망했다고 한다.

그러나 이원익은 선조 때 과거에 급제해 후일 '키 작은 재상'으로 불리며 선정을 베풀어 백성들의 신망을 얻었으며 임진왜란을 극복하는 데 큰 공을 세웠으니 이준경과 이원익의 인연이 참으로 기이하다고 볼 수 있다.

이 일화의 사실 여부를 의심할 것도 없이 이원익은 어릴 적부터 질병을 끼고 살았던 것이 분명하고, 그 때문에 키가 전혀 자라지 않아 난쟁이 소리를 들어야 했다. 하지만 그는 가난과 질병의 어려움을 이겨내고 당대 최고의 정승이 되었다.

백성들을 위해 군주를 나무라다

이원익은 1564년(명종 19년) 사마시에 합격했고, 1569년(선조 2년) 별시문과에 병과로 급제했다. 1583년 그가 우부승지로 있을 때 승정원이 탄핵을 받았는데, 다른 승지들은 도승지 박근원과 영의정 박순의 불화 문제에서 기인된 것이라고 주장하고 화를 면하려 했다. 그러나 이원익은 동료들을 희생시키고 자신만 책임을 면할 수 없다고 상주했다. 그는 곧 파면되었고 5년간 야인으로 지냈을 만큼 정도를 걸어갔다.

선조 20년(1587년) 이원익은 다시 등용되어 안주 목사로 나갔다. 이 때 이원익은 스스로 절제하고 관부에도 검약하라고 지시했는데, 그 결과 아낀 양곡만 1만여 석이었다. 그는 이 양곡으로 굶고 있던 백성들을 구호해 칭송이 자자했다.

당시 이원익이 실시한 군병방수제도軍兵防水制度의 개혁도 그의 위민주의를 보여주는 중요한 업적이다. 그는 이때 1년에 3개월을 복무해야 하는 백성들의 고충을 헤아려 이를 2개월로 단축, 법제화했다. 이는 백성들이 몸으로 치러야 하는 고통을 덜어줌으로써 위민정치의 실천을 보여준 쾌거였다.

이원익은 백성들의 일이라면 무엇이든 발 벗고 나서서 해결사를 자처했다.

1592년 4월 13일, 왜군 21만 명을 실은 배가 대마도에서 부산 앞바다를 향해 밀려왔는데 끝이 보이지 않을 정도였다. 명나라로 가기 위해 조선의 길을 빌린다는 구실로 일본이 조선을 침공한 것이다. 전쟁 준비를 제대로 하지 못한 조선군은 궤멸되기 시작했다.

그달 28일 충주에서 관군이 대패하자 선조와 조정 중신들은 30일 새벽 서울을 버리고 평양으로 떠났다. 평양성은 그나마 앞에 큰 강이 버티고 있고 성곽도 튼튼해 왜군과 싸워볼 만한 곳이었다. 그러나 성중에는 이미 흉흉한 소문이 나돌아 격분한 백성들이 몽둥이를 들고 난을 일으키려 하고 있었다. 임금이 한양을 버리고 떠났듯 다시 평양도 버리려 한다는 소문이었다.

조선참모실록

이는 사헌부와 사간원 그리고 홍문관에서 날마다 임금에게 피란을 떠나자고 주청했기 때문이다. 그중에는 정철처럼 평소 의리 있다고 생각해온 중신들도 포함돼 있었다. 유성룡은 좌의정 윤두수와 함께 정철을 나무라기까지 했으나 두려움이 많은 중신들은 이를 들으려 하지 않았다.

• 이원익 초상 이원익은 키가 작고 인물은 보잘것없었으나 그의 도량과 기개는 넓고 컸으며, 백성을 사랑하는 마음은 그 크기를 잴 수 없었다.

5월 1일 중신회의 때 선조는 이 문제를 이항복에게 물었다.

"승지의 뜻은 어떠한가?"

이항복이 "어가御駕가 의주義州에 머물 만합니다. 만약 형세와 힘이 궁하여 팔도가 모두 함락된다면 바로 명나라에 가서 호소할 수 있습니다"라고 대답했다.

그러자 유성룡이 "안 됩니다. 어가가 우리 국토 밖으로 한걸음만 떠나면 조선은 우리 땅이 되지 않습니다" 하며 말렸다.

선조는 잠시 이 문제를 접어두었다가 다시 눈치를 보며 중신들을 불러 의견을 물었는데 대부분은 피란을 주장했다. 그런데 이때 평안도 도순찰사 이원익이 자신의 의견을 단호하게 임금에게 전했다.

> 국왕은 사직을 위하여 죽음도 불사해야 합니다. 비록 처지가 곤궁하고 또 명나라가 작은 나라의 왕실을 위한다고는 하지만 명나라 땅으로 건너가서도 안 됩니다. 건너가도 편치 않을 것입니다.
>
> — 『오리집梧里集』「적집績集부록」 권2

선조는 이원익의 단호한 목소리에 마음을 돌려먹고 평양성에서 항전하자고 주위를 다독였다. 그러나 전세가 불리한 것을 안 선조는 이미 피란을 염두에 두고 있었다. 이원익은 임금과 백성을 지키기 위해 결사항전의 모습을 보여주자고 했으나, 겁 많은 선조는 6월 11일 평양을 포기하고 영변으로 피란을 떠났다.

전란 현장의
해결사를 자처하다

평양성 안에 있는 군사는 급히 끌어들인 백성들을 포함해 겨우 3천 명이었다. 더욱 큰 문제는 오래도록 비가 오지 않아 강물이 너무 얕아졌다는 점이었다. 왜군이 조총을 앞세워 그곳으로 몰려오면 성이 함락되는 것은 시간 문제였다.

유성룡은 적과 싸워야 할 장수들이 올망졸망 모여 있는 것을 보고 말했다.

"적들은 태산처럼 밀려오는데 우리는 마치 잔치마당 같지 않소? 이렇게 모인 장수들 중에 나라를 위해 목숨을 던질 장수 하나가 없단 말이오?"

말은 그렇게 했지만 유성룡의 눈은 이원익을 향해 있었다. 이미 유성룡은 이원익의 인품을 잘 알고 있었고 누구보다 그를 아꼈다. 하지만 백척간두에 선 나라의 운명 앞에 사사로운 정을 드러낼 수는 없는 일이었다. 장수들 중 선비 출신이지만 기개가 있는 인물은 이원익밖에 없었기에 유성룡은 그에게 싸움에 나갈 의향이 있느냐고 물은 것이었다. 이원익은 조금도 망설이지 않고 대답했다.

"어찌 제가 감히 힘을 다하지 않겠습니까?"

좌상 윤두수가 놀랍고 고마워 이원익을 격려했다. 당시 평양에 있던 관료들은 도원수 김명원, 순찰사 한응인·이원익 등이었는데 직급이 비슷했지만 응당 도원수 김명원이 나가 싸움을 독려해야 했다. 그러나 김명원이 군을 통솔하지 못하고 군기가 문란해진 것을 본 이원익이 먼저 당하에 내려가 김명원을 원수元帥의 예로 대했다. 그는 유성룡과 윤두수의 명을 받아 스스로 직급을 낮춰 전장에 뛰어듦으로써 군기를 바로 세웠던 것이다. 1592년 6월 11일의 일이었다.

이원익은 휘하의 장수 별장 고언백 등에게 병력 수백 명을 이끌고 능라도에 있는 적을 공격하라고 명했다. 하지만 다수의 적을 죽이고 돌아오는 길에 날이 샜고 후원 부대가 배를 제때에 대주지 못해 많은 군사들이 물에 빠져 죽었고 나머지는 물이 얕은 곳으로 건너왔다. 왜군은 이를 보고 수심 얕은 곳으로 건너와 평양성을 공격했고 중과부적으로 평양성도 함락되고 말았다. 이원익은 군기가 서지 않고 장수들 간에도 협조가 이루어지지 않은 것에 탄식했으나 내색하지 않고 끝까지 항전하다 병력을 후퇴시켰다.

이 전투에서 이원익은 군주 앞에서도 바른 말을 하고야 마는 단호함과 나라를 위해 목숨을 바치는 충성심, 현장으로 손수 달려 나가는 용맹함까지 선보여 선조는 물론 조정 신료들에게 자신을 깊이 각인시켰다.

임진왜란이 발발했을 때 이원익은 자진해 전장에 나가려 했다. 조정 중신들은 일개 문인 학자로서 전쟁에 대해 무엇을 아느냐며 말렸지만 평양성 전투에서 보여준 그의 기개로 이런 비판은 쑥 들어가 버렸다.

이원익은 후일 평양성을 수복한 뒤 사병을 모집하고 훈련시키며 적진의 동향을 살펴 전쟁에 대비했다. 평양의 백성들과 군사들 모두 그를 잘 따랐고 그가 지휘하는 부대는 군율이 제대로 세워져 주위의 모범이 되었다. 그가 이렇게 아랫사람들과 두루 소통할 수 있었던 것은 이원익 스스로가 임전무퇴의 자세로 앞장서는 모범을 보였으며 사람을 포용하는 마음을 갖추고 있었기 때문이다.

특히 전란 후 왜군의 재침에 대비한 이원익의 언행은 그가 문관이면서도 얼마나 현장 임무에 투철했는지를 보여주는 대목이다.

『선조실록』 28년 7월 18일조를 살펴보면 이원익이 문관으로서뿐 아니라 무관으로서 조국에 대한 충성을 어떻게 실천해왔는지 알 수 있다.

이때 선조는 평양의 수비 태세가 빼어난 것을 보고 이원익에게 물었다.

"평양의 살수殺手는 어느 곳에서 배웠는가?"

당시 왜군은 병력이나 전술, 무기 등이 조선보다 우세했기 때문에 왜군을 물리치기 위해서는 군사제도의 전반적 개편이 불가피했다. 왜군의 기세가 어느 정도 꺾이고 나자 선조는 유성룡의 의견을 받아들여 1593년(선조 26년) 10월 훈련도감訓鍊都監을 설치하고, 조총을 다루는 포수砲手를 중심으로 살수殺手(창·검을 사용하는 군사), 사수射手(활을 쏘는 군사)로 구성된 삼수병三手兵을 편성한 바 있었다. 이렇게 설립된 훈련도감은 19세기 후반까지 약 300년 동안 국왕의 시위와 서울의 경비 방어에 중심적 역할을 담당했다.

선조는 비록 평양성에서의 처음 싸움은 졌으나 후일 왜군을 크게 이긴 것을 두고 '살수'가 전쟁에서 활약을 보인 연유가 궁금했던 것이다.

이에 이원익이 대답했다.

"중국의 절강浙江성 사람이 왕래할 때 사적으로 가르쳐달라고 요청하여 익힌 것이고, 창법槍法은 진정眞定 사람에게 배웠는데 서울의 창

129

법과는 다릅니다."

이는 유성룡이 창검법이 빼어난 절강성 군인들에게서 검과 창을 쓰는 법을 우리 군사들이 배우도록 했던 일을 이야기한 것이다.

이원익은 특별히 명나라 군사들의 병법(절강성 군인들의 창검법)이 우리 것보다 낫다고 꼬집어 이야기하긴 어렵지만 전쟁에서 이기기 위해 양쪽의 장점을 취해 훈련시키고 있다고 대답했다.

"한쪽을 버릴 수는 없습니다. 병사들은 양쪽의 장점을 취해 훈련하고 있습니다."

이원익은 조금도 막힘없이 창검법과 군사 훈련에 해박한 모습을 보였다.

그러자 선조가 그를 깊이 신뢰하며 이렇게 칭찬했다.

"평양 사람들이 어른과 어린아이 할 것 없이 모두 똑같이 검법을 연마하는 것은 모두 경이 성심을 다하여 가르친 덕이니, 내가 매우 기쁘다."

선조는 이처럼 이원익이 전투 현장에 나가 있은 지 오래되고 늘 고단하게 사는 것을 불쌍히 여겨 그를 사도 체찰사로 임명하되, 서울에 머물게 했다.

그러나 이원익은 체찰부가 서울에 머물면 소통이 불편하다며 지방으로 가겠다고 아뢰었다. 지휘부가 도성에 있으려 하지 않고 지방으로 나가려 한다는 것 자체가 당시로서는 신선한 발상이었다. 선조는 현장에 달려 나가 해결사 노릇을 자처하는 이원익을 아주 기특하게 여겼다.

여느 관료 같으면 귀찮아하고 힘들어할 일이었으나 이원익은 영남으로 가서 성주에 체찰부를 두고 각 도의 군사기능과 위민기능을 총괄했다. 이런 위민사상으로 인해 그에 대한 군주의 신뢰와 함께 백성들의 신망은 크게 늘어갔다.

이순신을
각별히 아끼고 포용하다 | 하삼도를 사도 체찰사로 다스릴 때 이원익은 권율 이하 전 조선의 육군을 총괄했으며 곽재우 등의 의병장과 정기룡, 이시발 등 관군 출신들과도 소통하며 왜군의 재침을 막기 위해 동분서주하고 있었다.

이원익은 이순신과도 각별한 사이였다. 그는 이순신을 관용으로 아끼고 껴안아 서로 깊은 우정을 나누고 있었다. 그는 이미 조선 수군의 강점을 파악해 이순신이 바다에서만 왜의 해군세력을 확실히 막아주면 전쟁에서 승리할 수 있다고 보았다.

이원익과 이순신은 편지를 주고받을 만큼 속내를 터놓고 지냈다. 웬만해선 조정 관료들에게 자신을 드러내지 않는 이순신도 이원익에게는 마음을 털어놓았다. 그것은 일찍이 이원익이 이순신을 보고 그를 천거해 중용했고, 고비 때마다 그를 믿고 지원해주었기 때문이다.

선조는 재위 29년(1596년) 11월 7일 비변사와 당상들을 모아 전쟁

• 관감당(아래)과 탄금암(위) 관감당은 이원익의 종가로, 1996년 12월 24일 경기도문화재자료 제90호로 지정되었다. 평소 이원익은 관감당 근처에 있는 탄금암에 앉아 거문고를 탔다고 전한다. 경기도 광명시 소하동 소재.

조선참모실록

대책회의를 열었는데, 원균의 사람 됨됨이를 놓고 당상들에게 물었다. 유성룡은 원균과 이순신, 두 사람이 사이가 나쁘고 원균의 기색이 발끈하는 면이 있다며 그의 중용을 꺼리는 것이 좋다는 식으로 말했다. 선조는 다시 이원익에게 원균에 대해 물었다.

이에 이원익은 "이순신은 스스로 변명하는 말이 별로 없었으나, 원균은 기색이 늘 발끈하였습니다. 예전의 장수 중에도 공을 다툰 자는 있었으나, 원균의 일은 심하였습니다. 소신이 올라온 뒤에 들으니, 원균이 이순신에 대하여 분한 말을 매우 많이 하였다 합니다. 이순신은 결코 한산閑山에서 옮길 수 없으니, 옮기면 일마다 다 글러질 것입니다" 했다.

이때 계속해서 이순신을 모함하는 소리가 흘러나오자 이원익은 이순신을 두둔하며 그의 사람됨이 정직하고 그의 수전水戰 전법이 조정에서 생각하는 만큼 이기심이나 사심으로 쓰는 것이 아니라고 강변했다.

이순신 또한 자신을 천거한 이원익에 대해 한없는 우정과 존경심을 갖고 있었다. 연로한 모친이 여천군 고음천古音川(현재의 전라남도 여수시 시전동 송현마을)에 피해 있을 때 병이 깊어져 아들을 보고 싶어한다는 전갈을 받고 노심초사하던 이순신은 당시 진주에 있던 관찰사 이원익에게 편지를 보냈다.

"이 겨울에 어머님을 뵙지 못하면 봄이 되어 왜군이 또 쳐들어올 조짐이 있어 도저히 진을 떠나기가 어려울 것인즉, 각하께서는 이 애

틋한 정곡을 살피셔서 며칠만 말미를 주시면 배를 타고 한번 모친을 뵘으로써 연로하신 어머님께 위로가 되겠습니다. 그리고 혹시 그사이에 무슨 변고가 생긴다 해도 각하의 허락을 받았다고 하지 않겠습니다."

관찰사의 입장을 배려한 이순신의 편지를 받고 난 이원익은 아주 사무적인 듯한 태도로 답장을 보냈다.

"지극한 정곡이야 피차에 같습니다. 이 편지야말로 사람의 마음을 감동시킵니다. 하지만 공의와 관련된 일이라 내 입장에서는 있으라, 떠나라 말하기 어렵습니다."

이원익이 보기에 이순신은 조야에서 심각한 질시와 견제를 받고 있던 터였기에 대놓고 그를 감싸 안았다가는 낭패를 볼 것이 뻔했다. 그래서 이원익은 꾀를 내어 거절하는 듯 답장을 보내고 뒤이어 빨리 다녀오도록 배려해주었다.

이순신은 아랫사람이 이틀 만에 들고 돌아온 답장을 받고 며칠 뒤 배를 저어 어머니를 만나러 떠났다.

이순신의 『난중일기』에도 "종일 노를 저어 구九시쯤 어머니 앞에 도착했다. ……눈물을 머금고 서로 붙들고 앉아 밤이 새도록 위로해 드렸다"고 기록되어 있다.

그날 밤을 지새우고 다음날 아침밥을 모친과 함께 먹은 이순신은 배를 타고 관찰사 이원익의 연해안 순시를 맞으러 나갔다. 만약 이순신이 일방적으로 이탈했다면 두려워서라도 곧바로 이원익을 만나러

가지 못했을 것이다. 이원익과 이순신은 그다음 날 종일 군사와 세상 이야기를 하며 술을 나누었다고 한다.

이원익은 윗사람이었으나 아랫사람의 작은 허물과 아픈 점을 애써 들추지 않았고 오히려 감싸 안으며 짙은 관용의 정신과 인간미를 보여주었다. 그런 그였기에 이순신의 전사 소식을 듣고 어느 누구보다도 가슴 아파했던 것이다.

이처럼 충신에 대한 이원익의 깊은 애정은 이항복과 이덕형을 내치려는 조정의 중론이 일었을 때도 드러났다. 그는 이덕형과 이항복이 대역죄로 몰리자 주위의 눈치를 보지 않고 그들의 억울한 죄를 덜게 해달라는 상소문을 올렸다.

옳은 일에는
자리를 걸고 진실을 외치다

선조, 광해군, 인조 등 세 임금을 모신 이원익은 광해군을 제외한 임금들에게 두터운 신뢰를 받았다. 그중 선조는 어려움에 처했을 때 자신을 호위한 공로로 이원익을 늘 주위에 두고 의논하기를 즐겨했다.

이원익이 임진왜란의 와중에 보여준 충성심은 누구도 흉내 내기 어렵지만 특히 명나라에 들어갔을 때의 행적은 신하 된 자의 자세를 다시금 생각하게 해준다.

임진왜란의 위기가 해소될 무렵, 명나라와 조선은 여러 가지 문제들로 시끄러웠다. 진주하는 명나라 병력들의 식량 문제와 장수들의 거만함은 계속해서 조선 조정을 괴롭혔다.

하물며 명나라 장수들은 자기네들끼리 무고하고 조선 조정을 거기에 끼워 넣어 왕을 욕되게 하는 일을 벌이기도 했다. 특히 명나라 경략 정응태는 경리 양호와 사이가 좋지 않던 터에 "양호가 울산에서 패전한 사실을 숨겼다"며 비난하는 소를 올렸다. 그런데 여기에 조선이 왜적을 끌어들였다는 대목이 들어 있어 조선 조정이 발칵 뒤집히는 사건이 발생했다.

이때 조선에서는 좌의정 이원익이 재상으로서 학식이 높고 덕망이 좋은 데다 구변이 좋다고 판단해 그를 사태 수습의 책임자로 파견했다. 하지만 정응태는 연경에까지 따라와 이원익을 협박하는가 하면 명나라 조정에 이원익 일행을 모략했다.

이런 어려움이 계속되었음에도 이원익은 연경에 도착해 매일 명나라 병부를 찾아가 읍소하는 한편 통정사通政司를 찾아가 자신의 이마를 부딪쳐가며 조선 조정의 억울함을 황제께 알려달라고 요청했다.

이런 이원익의 열성이 곧바로 받아들여지지는 않았지만 여러 경로를 통해 조선의 입장이 전달되었고, 계속해서 조선의 사신들이 들어와 진실을 알리자 결국 무고혐의는 벗어졌다. 이원익은 귀국 후 영의정에 오를 정도로 선조의 신임을 받았다.

지금까지 살펴본 것처럼 이원익은 누구보다 훌륭한 인물이지만 그가 후세에 이름을 널리 알린 것은 무엇보다 붕당과 관련된 그의 꼿꼿

조선참모실록

한 자세 때문이다.

이원익은 붕당에 휩싸이지 않고 항상 곧고 바른 자세로 정무를 돌봤다. 그의 이런 모습은 유성룡이 역모죄로 탄핵받았을 때에도 곧바로 드러났다.

당시 유성룡은 일본과 밀약을 맺었다는 비판을 받는데, 이것은 왜군 지도부가 조선 조정을 갈라놓으려고 음모를 꾀한 데서 비롯되었으나 조선 지도층은 이를 깨닫지 못하고 유성룡을 사사하자고 들고 일어섰던 것이다. 이원익은 이를 적극 반대하다가 벼슬에서 물러나게 되었음에도 자신의 뜻을 굽히지 않았다.

1599년 11월 17일, 이원익은 조정 신료들의 유성룡 죽이기, 선조의 미필적 고의가 섞인 유성룡 내침에 맞서 임금에게 상소를 올렸다. 선조 앞에 머리를 조아린 그는 좌상 이헌국과 함께 유성룡을 변호하고 나섰다. 그는 또박또박 자신의 할 말을 다해가며 선조를 비판했다.

그는 유성룡의 행위나 그 주변 사람들이 꼭 다 옳다거나 훌륭하다고 할 수는 없지만 유성룡이 멸사봉공의 자세로 직무를 수행한 것만은 다른 사람에 비해 월등한 데도 조정의 중신들이 일제히 일어나 까닭 없이 유성룡을 배척하는 것은 잘못된 일이라고 주장했다.

"조정에 있는 선비들끼리는 형제간의 의리관계가 있느니만큼 옳고 그름에 대해 의논을 달리하여 의리상 서로 용납하지 못할 경우가 아니라면 함께 협력하여 국사國事를 이루어나가야 마땅한데 각각 당파를 따라 날마다 서로 무함하고 헐뜯는 것은 결코 국가의 복이 못 되는 일입니다."

이원익은 유성룡이 간사한 이들에게 배척당해 나라가 위기에 처하자 영의정 자리를 사직하면서라도 유성룡을 지켜주고 싶었던 것이다.

관용으로
정적들을 감싸 안다

이원익은 속 좁은 신료들과 정치적 견해가 다른 반대파들에게 끊임없이 비난을 받았으나 이에 굴하지 않았고 그들을 비판할 때도 예의를 잃지 않았다.

그는 남인에 속했으나 안팎과 상하로 소통을 잘해 정적들에게도 호감을 샀다. 그렇다고 그가 사교성이 뛰어났던 것은 아니었다. 이원익은 오히려 천성이 단조롭고 대쪽 같아 자신이 해야 할 일만 할 뿐 남과 번잡스럽게 어울리거나 자신을 남에게 알리려고 애쓰지 않아 일부러 그를 알아주는 사람도 별로 없었다. 특별한 일이 없으면 외출도 하지 않고 바깥의 번잡한 일에 도무지 신경을 쓰고 싶어 하지 않았다. 유성룡은 그의 성품을 알고 그를 깊이 공경했다.

이원익의 곧고 바른 성품은 일반 백성에게까지 널리 알려져 그가 지나가면 백성들은 '청렴 대감', '곧은 대감'이 지나간다고 했으며 백성들 편에 있다 하여 '우리 대감'이라는 칭송까지 아끼지 않았다고 한다. 그에게는 상대로 하여금 저절로 머리 숙이게 만들고 저절로 대화하게 만드는 특별한 힘이 있었다.

이원익은 선조에 이어 등극한 광해군에게서도 신임을 받았으나 1615년 대비 폐위 문제로 미움을 받았다. 대비 폐위를 반대했다가 영의정에서 물러나게 된 것이다. 당시 이원익은 광해군의 잘못된 처사를 신랄하게 비난했고, 광해군은 대비 폐위 문제로 의견이 엇갈리자 빗발치는 상소를 핑계로 이원익을 파직하고 홍천에 유배했다. 그는 오랜 세월 동안 유배 생활을 겪어야 했다.

그 후 인조반정이 일어나 세상의 주인이 바뀌었고, 인조의 각별한 신임을 받은 이원익은 귀양살이 8년 만인 1623년 3월에 영의정으로 다시 등용되었다. 성안의 백성들은 거리에 나와 그의 복직과 귀경을 반가이 맞아주었다.

그런데 반정 실세들이 광해군 처형을 강력히 주장하고, 광해군을 죽이자고 주청하는 유림들의 상소가 빗발치자 종실에서조차 광해군의 사사를 놓고 분위기가 험악해졌다. 그러나 실제 오랜 유배로 몸이 상할 대로 상한 이원익만은 광해군을 죽이지 말자며 이를 반대했다.

"나도 폐주를 받들었던 신하였소. 그러니 벌하려면 나도 벌하셔야 하오. 나에게도 같은 책임이 있소."

이원익은 인조와 대비를 설득, 마침내 광해군의 목숨을 구해냈다. 그와 인조의 두둔으로 광해군은 인조 19년까지 유배지에서 살 수 있었다.

광해군은 당쟁의 희생제물, 폭군이라는 엇갈린 평가와 더불어 그의 외교정책과 업적에 대해서도 상반된 해석이 나오고 있다. 하지만 광해군은 이원익에게 괴로움과 고통을 준 군주였던 것은 분명하다. 특히 남인의 영수로서 이원익은 얼마든지 광해군에게 보복할 수 있었는데 그렇게 하지 않음으로써 정적들조차 그에게 머리를 숙이게 만들었다.

퇴직 후
조석거리를 걱정하다

오리 이원익은 선조, 광해군, 인조 등 삼대에 걸쳐 40여 년이라는 긴 세월을 영의정 등 정승으로 지냈지만 그의 초가집은 비가 새고 누추해 인조에게서 집을 하사받을 정도로 청렴하게 살았다. 조선 왕조를 통틀어 재상으로서 임금에게 집을 하사받은 이는 세종 대의 황희, 인조 대의 이원익, 숙종 대의 허목뿐이다.

이원익의 업적과 삶을 보면 저절로 머리가 수그러질 수밖에 없다. 그는 임진왜란이라는 조선 초유의 전란을 슬기롭게 헤쳐 나가면서도 자신을 위해서는 쌀 한 톨, 나무 한 그루 헛되이 사용하지 않아 조선 최고의 청백리라는 평가를 받았다. 황희와 맹사성을 능가하는 '청백리의 지존'이라는 평가를 받기에 조금도 부끄럽지 않은 생애였다.

이원익은 왕실의 후손이고 다섯 번이나 재상을 지낼 만큼 조선 최고의 지도층이었으나 한결같이 청렴하고 검소하게 살았다. 그의 집은 비바람을 겨우 피할 수 있는 정도였고 끼니 걱정을 멈출 수 없을 만큼 가난했다.

이런 소문이 계속 나돌자 인조는 이원익에게 비단과 비단 이불을 내려주었다. 그러나 그는 냉정하게 거절했다.

"저는 이것을 받을 명분이 없습니다. 명분 없는 물품은 누가 내려주어도 받을 수 없습니다."

인조는 자신이 하사한 물건이 되돌아오자 놀라 혀를 내두르며 탄복했다.

1623년 정월, 인조는 승지 강홍중을 보내 이원익의 사는 모습을 다시 살피게 했다. 돌아온 승지가 임금에게 아뢰었다.

"두 칸 초가가 겨우 무릎을 들일 수 있는데 낮고 좁아서 모양을 이루지 못하며 무너지고 허술하여 비바람도 제대로 가리지 못합니다."

이 말을 들은 인조는 이원익의 형편을 염려하는 한편 그의 됨됨이를 높이 평가했다. 당시는 인조반정으로 공신이 된 사람들이 거들먹거리며 권세와 부를 독점하던 시대였기에 이원익의 자세는 누구라도 감탄하지 않을 수 없었던 것이다.

"재상이 되고 40년인데 그렇게 사는 정승이 세상에 어디 있는가? 내가 평생에 존경하고 사모하는 것은 그 공로와 덕행뿐이 아니다. 이 공李公의 청렴하고 간결함은 모든 관료가 스승 삼아 본받을 바이다."

인조는 칭찬을 넘어 이원익에게 여생의 평안을 주기 위해 관감당(현재의 경기도 광명시 소하동 소재)을 하사했다. 하지만 그는 다시 거절했다.

"신을 위해서 집을 지으니, 이것도 백성의 원망을 받는 한 가지입니다."

『조선왕조실록』은 이원익이 인조가 하사한 집을 네 번이나 사양해 오가며 왕명을 전한 이가 탄복했다고 전한다. 인조가 계속해서 강권하자 이원익은 마지못해 하사한 집을 받아들여 살기로 했다. 그러나 그는 이 집에 살면서도 돗자리를 직접 짜서 생계를 해결했다. 다른 정승들이 관직에서 물러나 정자를 짓고 풍류를 즐긴 것과는 너무도 대조적인 생애를 보냈던 것이다.

청빈함으로
가정과 세상을 다스리다

이원익은 죽음을 앞두고 자신의 생애를 정리하면서 목민관의 자세를 여덟 가지로 정리해 일갈함으로써 후손들에게 교훈을 남기고, 후배 관료들의 자세를 바로잡는 계기로 삼고 싶어 했다.

1. 세상을 다스림에 있어 백성을 사랑하는 것보다 더한 것은 없다. 몸을 닦는 데는 욕심을 적게 하는 것보다 더한 것이 없다.
2. 천하의 실정을 안 후에야 천하를 다스릴 수 있다.
3. 일을 대함에 있어서는 포악함과 성냄을 경계하고 천천히 일의 전

• 이원익 유서 성실, 정직, 근면, 검소를 온몸으로 실천한 이원익은 유서를 통해서도 청빈하고 검소하게 살라는 당부를 잊지 않았다.

후 사정을 파악하라.

4. 사람을 다스림에 있어, 착한 자에게는 상을 주라. 상을 주었으면 오랫동안 잊지 마라. 악한 자는 벌을 주어라. 벌을 주고 시일이 지

났으면 이를 괘념치 마라.

5. 한 이익을 일으키는 것이 한 폐단을 제거하는 것만 못 하고, 한 일을 내는 것이 한 일을 더는 것만 못 하다.

6. 다스리는 고을에 일이 생기면 노회한 관리와 연로한 백성에게 물어서 인정에 합하기를 힘써야 하고, 남에게 거만을 부리고 스스로 민심을 떠나게 하지 마라.

7. 백성은 마땅히 어루만져 돌봐야 하며, 관속을 대하는 것도 각박하게 해서는 안 된다.

8. 모든 일은 때를 따라 자신의 마음을 다해 실천하라.

이 지침들은 이원익이 한평생 솔선수범하며 지키려고 노력했던 것이기에 어느 누구도 그의 진정성을 의심하지 않았고, 이를 읽은 이라면 누구라도 옷깃을 여미고 그의 가르침을 마음 깊이 새겼다.

이원익은 가솔들과 가까운 후학들에게도 글과 유서를 통해 청렴과 검소함에 대한 당부를 잊지 않았다. 그가 남긴 유서와 편지글들은 지금도 전해지고 있으며, 청빈함의 철학을 담은 가훈을 남기기도 했다.

타인에게 원한을 사지 말고 無怨於人

자신에게 악함이 없도록 하며 無惡於己

뜻과 행실은 위를 향하고 志行上方

분수와 복은 아래에 견주어라 分福下比

87세를 일기로 세상을 떠난 오리 이원익은 비록 키가 너무 작아 놀림을 받을 정도로 왜소했으나 그가 남긴 업적은 너무도 크다. 그는 전란의 후유증을 극복하고 백성의 곤궁한 삶을 돌보느라 정작 자신을 전혀 돌보지 못했고, 성실·정직·근면·검소를 온몸으로 실천했으며, 정적들조차 관용으로 껴안은 위대한 인물이었다. 그의 삶은 나라와 조직이 위기에 처했을 때 참모가 해야 할 일이 무엇인지 보여준 표준으로 기억되고 있다.

【5】

백사白沙 **이항복** 李恒福

한평생 시련과
맞서 싸우다

전란의 고단함을 웃음으로 달랜 해학의 리더십

이
항
복

어릴 적부터 병약한 데다 부모를 일찍 여의고 누이 집에 기대 살았던 이항복(1556~1618년). 그는 누구보다 정에 굶주린 탓에 임진왜란의 고난 중에 선조를 친아버지처럼 섬기며 지냈다. 선조 역시 이항복을 늘 곁에 두고 마음의 위로를 받았으며, 그를 친아들처럼 아끼고 보듬었다.

이항복은 그런 선조에게 보답하듯 웃음과 충성으로 선조를 모셨고, 아래로는 전란의 고통을 겪고 있던 만백성을 사랑으로 껴안았다.

적지 않은 고초를 겪고 외로움을 많이 탔음에도 이항복은 자신만의 낙천적이고 긍정적인 사고방식으로 조선의 철밥통 관료 사회에 신선한 충격을 주었다.

점잖은 사대부들은 선조에게 아부를 떤다며 이항복을 비난하며 미워했으나 긴긴 전쟁의 고통 속에서 선조와 백성들은 그의 재능과 충성심을 사랑했다. 이항복은 위기가 올 때마다 "문제는 해결하기 위해 생긴 것"이라며 늘 절망 대신 희망을 선택했다.

이항복은 어떻게 좌절과 고통을 겪는 와중에도 웃음을 잃지 않고 살아갈 수 있었을까?

병약한 탓에
오히려 자유롭게 성장하다 │ 조선에서 태어난 사대부는 어릴

적부터 절제와 중용, 인내와 신

독愼獨을 은연중에 강요받았다. 신독이란 누가 보든 보지 않든 간에 도

리에 어긋나지 않도록 몸과 마음을 다스리는 것이다. 그러니 전통적인

가부장 사회에서 남자로 태어나 살아간다는 것은 인간의 본성을 거스

르고 체면과 책임을 강요받는 삶을 사는 것이나 마찬가지였다.

그런데 이항복은 이런 가정 내의 위계질서와 체면, 남들의 시선에

서 상대적으로 자유로웠다. 이는 이항복이 태어나서 사흘 동안 울지

도 않고 젖을 먹지도 않아 부모를 걱정시켰고, 크면서도 유난히 병치

레가 잦아 건강이 좋지 않았기 때문이다. 아픈 아이에게 야단치고 꾸

짖을 부모는 없는 법이다.

첫 부인과 사별한 이몽량은 전주 최씨 부인을 맞아 막내아들을 가졌는데 이 아이가 바로 이항복이다. 여덟 명의 형제자매 가운데 막내였으니 부모의 특별한 귀여움을 받았음은 당연했다.

이항복이 후일 선조에게 마치 친형에게 이야기하듯 혹은 자애로운 아버지에게 이야기하듯 다정다감하게 대할 수 있었던 것은 어릴 때 형성된 막내 기질 때문이라고 볼 수 있다.

부친 이몽량은 사헌부 대사간 시절 이미 명종에게 장문의 상소문을 올리며 "임금의 마음이 바르지 않고 학문하는 도리도 올바르지 않다"고 일침을 가했을 정도로 딱 부러진 성격이었다. 그러나 집에서 그는 늦둥이 이항복을 사랑으로 보듬었다. 게다가 대단히 엄격하고 집안의 규율을 똑바로 세운 것으로 이름난 모친 최 씨조차도 이항복에게는 엄하게 대하지 않았다.

자연스레 이항복은 언행이 자유스럽고 자기주장이 강한 아이로 커갔다. 그러나 비뚤어지기보다는 똑똑하고 주장이 확실하며 도량이 넓어 사물을 보는 견해가 남달랐다. 여기에는 그가 사대부 집안의 꽉 막힌 학습체제를 배운 것이 아니라 동네 사고뭉치들과 어울리며 익힌 경험이 다분히 작용했다.

그러나 이런 자유로운 행복도 잠시, 이항복이 9세 때 아버지 이몽량이 세상을 떠나고 말았다. 채소만 먹으며 부친의 3년상을 마친 그는 이미 마음과 몸이 훌쩍 커버렸으나 세상은 너무 허무하고 쓸쓸했다. 학문을 한들 무슨 소용이 있을까 하며 방황하던 그는 차라리 세상에 나가 사람들과 교류하며 살기로 작정했다.

이항복은 날마다 동네 친구들과 공차기를 하고 다니거나 이른바 상것인 서민의 아들을 친구 삼아 데리고 다니며 대장 노릇을 했다. 후일 이항복이 토병이나 서민 출신의 의병들과 담소를 나누고 그들과 잘 어울린 것은 모두 이때의 경험에서 비롯된 것이다. 사람을 가리며 사귀어야 한다는 사대부 집안의 규율은 그에게 전혀 먹혀들지 않았다.

그렇다고 이항복이 막돼먹은 아이로 자란 것은 아니다. 오히려 가난해 입을 옷이 없는 친구에게 막 해 입은 옷을 줘버리고, 새 신을 신고 나갔다가 남루한 아이에게 주고 돌아오는 등 의리가 넘치고 도량도 커졌다.

그러나 공부를 아예 접고, 하는 짓이 점점 도를 넘어서자 어머니 최 씨는 어느 날 이항복을 불러 앉혀놓고 정색하며 나무랐다. 이제껏 없던 일이었다.

"네 아버지가 살아 있었다면 네가 이 모양으로 놀며 집안의 이름을 더럽히겠느냐? 어미가 홀로 키운다고 후레자식이란 소리를 듣게 되었으니 너로 인해 집안의 명성에 금이 갈 정도가 되었구나. 내가 얼마 살지도 못할 터인데 나마저 없으면 누가 너에게 잔소리나 해줄까 그것이 걱정이다. 네가 무뢰배들과 어울리니 나는 죽어서도 눈을 감기 어려울 것이다."

혼이 빠질 정도로 야단맞은 이항복은 어머니에게 머리를 조아리며 백배사죄했다.

"어머니, 제가 잘못했습니다. 저도 공부를 하고 싶었지만 마음이 잡히질 않아서 자꾸 밖으로만 나돌아 다니다 보니 이렇게 심려를 끼쳤습니다. 이제 저도 철이 들 나이가 지났으니 어머니께서 걱정하시지 않도록 열심히 공부하겠습니다."

어머니 최 씨는 아들이 공부에 너무 손을 놓았던지라 과연 학업을 제대로 할 수 있을지 몹시 염려스러웠다. 하지만 그것은 기우였다. 이항복은 이날 이후 완전히 정신을 차리고 다른 사람이 되었다. 그의 나이 15세 때의 일이었다.

그런데 이듬해 어머니 최 씨마저 세상을 떠났다. 이항복은 당장 몸을 기탁할 곳도 없었다. 어쩔 수 없이 누이네로 가 거기서 학업에 매진했다. 매형 민선閔善은 후일 형조참의와 좌승지를 지낸 조선 중기의 이름난 문신으로 이항복의 든든한 후원자가 되어주었다.

잠을 자지 않고 눈에 불을 켜고 공부했다는 말이 전해질 정도로 학업에 매달린 이항복은 성균관에 입학한 뒤 진사 초시에 합격했고, 1580년(선조 13년) 알성문과에 병과로 급제했다. 1581년에 그는 검열檢閱이 되었고, 그해에 이덕형李德馨도 20세의 나이로 별시문과에 을과로 급제해 함께 벼슬을 시작했다. 나이는 이덕형이 다섯 살 아래였으나 이항복은 그를 친구 삼아 함께 공부하고 학문을 교류했다.

전란의 고단함을
해학으로 달래다

이항복은 늘 해학을 즐겼다. 해
학이란 무엇인가? 해학은 상대
방에게 연민과 호감을 주며 웃음과 익살을 선사한다. 그러면서도 품
위가 있는 것이 해학이다.

이항복은 전란의 고통 속에서도 몸에 배어 있던 해학을 자주 선보
이며 백성들과 조정의 중신들을 웃게 만들곤 했다.

선조 때의 어느 날이었다. 무더운 여름에 임금을 뵈러 입궐하던 권
율(이항복의 장인)과 이항복이 더위 이야기를 나누었다.

"오늘은 날씨가 무척 무덥습니다. 장인어른께선 더위를 견디기 힘
들어하시니 오늘은 버선을 벗고 신을 신는 것이 어떠십니까?"

권율은 풍채가 크고 우람해 더위를 많이 탔다. 그는 사위의 마음 씀
씀이에 고마워하며 버선을 벗고 신발만 신은 채 궐로 들어갔다.

그런데 임금 앞에 죽 늘어선 신료들 사이에서 이항복이 불쑥 나오
더니 선조에게 한 말씀 아뢰는 것이 아닌가.

"마마, 날씨가 몹시 덥습니다. 이렇게 더운 날에 연로한 신료들이
의관을 갖추고 신발까지 신고 있느라 곤혹스러운 줄로 아오니 신발
만이라도 벗고 있게 하여 주시옵소서."

선조는 이항복의 말을 기특하게 여겨 노신들에게 신발을 벗으라고
했다. 모든 신료들이 신발을 벗었는데 권율만은 얼굴이 벌게져서 신
발을 벗지 못하고 있는 것이 아닌가. 선조가 다시 한번 권율에게 신

• 이항복 초상 이항복은 재치와 해학으로 선조와 백성들을 위로해주었다.

발을 벗어도 좋다고 하며 내관들에게 신발을 벗겨드리라고 하자 그의 맨발이 쏙 나와 늘어선 신료들과 임금을 깜짝 놀라게 했다.

"제가 오늘 무례하게 된 것은 사위 이항복에게 속아 이리된 것이오니 용서하시옵소서."

자초지종을 들은 선조와 대신들은 배꼽을 움켜잡고 웃었다. 이항복이 실제 그랬는지는 모를 일이지만 그는 그러고도 남을 만큼 위트와 유머가 넘치는 인물이었다.

권율과 인연을 맺다

이항복이 어렸을 때 그와 권율의 집은 담 하나를 두고 마주 보고 있었다. 마침 이항복의 집에는 감나무가 있었는데, 감나무가 크게 자라 나뭇가지가 권씨 집으로 뻗어 넘어가자 권씨 집 하인들이 그 감을 따 먹는 일이 자주 벌어졌다.

이 모습을 본 어린 이항복은 무작정 권율의 집으로 찾아가서, 권율의 부친인 정승 권철의 방문에 대뜸 주먹을 찔러 넣었다.

"이 주먹이 누구 것입니까?"

문풍지가 찢어지면서 큰소리가 났음에도 권철은 놀라지 않고 빙그레 웃으며 대답했다.

"이놈아, 그야 네 주먹이지."

"그런데 왜 대감님 댁 하인들이 우리 집 감나무에서 뻗어나간 감을 마음대로 따 먹게 하십니까?"

어린아이의 당돌함에 기가 찬 권철은 사정을 물어본 뒤 하인들을 불러 감을 돌려주라고 명했고, 이항복은 으스대며 집으로 돌아왔다.

권철은 속이 좁은 사람이 아니었다. 그는 어린 이항복이 장차 큰 인물이 될 것이라고 보았다. 이 감나무 사건은 권철이 1565년 우의정이 되어 이듬해 명나라에 등극사로 다녀온 때부터 몇 년 사이에 일어난 일로 보인다. 이 사소한 첫 만남은 권씨 집안과 이씨 집안이 사돈을 맺는 계기가 되었다.

사실 이항복의 부친 이몽량과 권철은 관직 생활을 같이 하며 우정을 쌓은 사이였다. 명종 19년(1561년) 권철은 우찬성이 되었고 이몽량은 그 전해에 한성부판윤으로 있다가 1562년 우참찬이 되어 서로 정치적 동지가 되었던 것이다. 권철은 이몽량이 늦게 나은 막내를 귀하게 여기는 것을 잘 알고 있었기에 이몽량이 일찍 세상을 떠났음에도 그와의 인연을 소중히 여겼다. 권철은 영의정이 되고 나서 이항복을 손자사위로 맞아들였으니 삼대의 소중한 인연이 결실을 맺었던 것이다.

이런 집안의 인연과 타고난 해학꾼인 이항복의 자유로운 성품 탓에 권율은 번번이 사위에게 놀림을 받았다. 권율은 임진왜란이 벌어진 7년 동안 조선 군대의 최고지휘관으로 활약해 선무공신 1등에 책록되었지만 사위보다 2년 늦은 1582년 식년문과로 급제했다. 이 때문에 그는 임진왜란 내내 병조판서인 이항복의 지휘를 받아야 했고, 사위의 기지와 해학에 놀림을 당하는 일이 생긴 것이다.

그런데 조정에서는 이런 이항복을 이해하지 못하고 폄하하는 이들이 있었고, 심지어 실록에는 그를 해학에만 능한 인물이라고 비판하는 대목도 있다. 점잖은 사대부 고위 관료가 농담을 실실해대는 것을 본 실록의 기자들은 이를 선비가 취할 도리가 아니라고 보고 못마땅하게 여겼던 것이다.

그러나 이항복은 이런 열린 자세로 귀천을 가리지 않고 사람을 사귄 덕분에 조야에 막강한 인적 네트워크를 구축할 수 있었다.

막강한 인적 네트워크를 구축하다

이항복은 사대부에서부터 일개 토병에 이르기까지 온갖 계층의 사람들과 어울렸다. 외모와 직위, 잘살고 못사는 것에 구애받지 않고 재능에 따라 사람들을 추천하고 중용했으며, 그들을 출세시키는 것을 낙으로 여겼다.

이로 인해 이항복의 광범위한 인적 네트워크가 형성되었다. 그런데 이것은 이익집단이 아니라 조정의 크고 작은 일을 의논할 때 여론 조성의 튼튼한 바탕이 되었으며, 이를 통해 그는 자신의 의견을 마음껏 공론화할 수 있었다.

특히 이항복이 추천한 인물들 가운데 상당수는 광해군의 실정 이후 인조반정에 참여함으로써 새로운 군주의 실질적 지지층이 되었다.

이항복의 인맥 가운데 빼놓을 수 없는 인물이 바로 한음漢陰 이덕형이다. 이항복은 활달하고 장난기 넘치며 막내의 기질이 있었고, 이덕형은 성격 자체가 차분하고 덕스러웠다. 두 사람은 서로 다른 듯하면서도 묘하게 어울리는 면이 있어 깊은 우정을 나누었다.

이항복은 임진왜란 시기에 병조판서를 다섯 번이나 지냈고, 이덕형도 두 번이나 그 뒤를 이어 맡았다. 같은 해 입사入仕한 이들은 앞서거니 뒤서거니 하며 서로를 도왔다. 우의정은 이덕형이 6개월 빨랐고 영의정은 이항복이 2년 빨랐다. 이들의 끈끈한 우정은 1613년 이덕형이 53세를 일기로 세상을 떠나고서야 끝이 났다.

이항복이 가르친 문하 가운데 가장 유명한 사람은 최명길이다. 최명길은 이항복에게서 실리주의 정치론과 자유로운 학문적 토양, 확실한 정치적 결단력 등을 배웠기에 후일 청나라와의 주화론을 내세워 벼랑 끝에 몰린 나라를 구한 충신이 되었으며 벼슬은 영의정에 이르렀다.

일찍이 이항복은 이곽을 추천했는데 그는 후일 선전관을 거쳐 삼도 수군통제사가 되었으며 인조반정 때 공을 세워 인조의 총애를 받았다.

이항복이 추천한 인물 중에는 장만도 있다. 장만은 선조 때부터 인조 때까지 국방력을 키우고 나라를 지키는 데 힘썼다. 이항복은 임금에게 그를 천거하며 나라를 지키기 위해서는 장만 같은 인물이 꼭 필요하다고 강조했다.

장만은 국어사전에 '볼만장만'이라는 단어로까지 등장할 정도로 유명한 인물이나 이순신, 권율 등에 가려져 제대로 알려지지 않았다. 그러나 그는 임진왜란과 정묘호란 때는 물론 이괄의 난이 일어났을 때에도 난을 진압하고 정국을 안정시키는 등 큰 공을 세웠다.

장만과 이항복은 어려서 이웃에 살았으며 서로 친해 늘 왕래가 잦았다. 이항복은 최명길을 장만에게 추천해 사위로 삼게 하기도 했다.

이항복은 아랫사람을 잘 거두고 추천한 것으로 널리 알려져 있다. 특히 그가 추천한 후학이나 평민들까지 이름을 크게 내어 조정에서 크고 작은 자리를 차지했다.

글도 읽을 줄 모르던 이남은 임진왜란 때 토병으로 참전했는데, 이항복이 그가 싸우는 모습을 보고 가장 용맹스러운 장수라고 추천했다. 후일 이남은 연풍 현감에 제수되었다.

또한 이항복은 무과에 급제했으나 너무 왜소해 관직에 나가지 못한 유림의 실력을 인정해 훈련 도감의 초관으로 삼게 했다. 유림은 병자호란 때 공을 세워 나라에 보답했다.

그 밖에도 이항복은 성혼의 문하인 조기서가 기축옥사 때 연루되어 곤경에 처하자 그를 변호해 풀려나게 해주었는가 하면, 탄금대에서 왜군을 맞아 싸우다 전사한 신립의 아들 신경진을 추천해 경원 부사

• 이덕형 초상 이항복과 절친한 사이였던 이덕형은 기발한 장난으로 많은 일화를 남겼다.

가 되게 했다. 신경진은 인조반정 때 공을 세워 형조판서가 되었다.

인조반정의 공신 이귀를 추천한 사람도 이항복이고 예조참판을 지낸 한필원, 대사헌을 지낸 김덕성도 이항복의 후원과 추천으로 벼슬길에 올랐다.

정충신의 경우는 더욱 극적이다. 정충신은 조선 중기의 무신으로 한미한 집안 출신이었다. 임진왜란이 일어나자 광주 목사 권율의 휘하에서 종군했다.

당시 권율은 자신의 장계를 임금이 계신 행재소에 전달하기 위해 사람을 모집했으나 응하는 사람이 없었다. 그런데 17세의 어린 정충

신이 가겠다고 자청했다. 그는 왜군으로 겹겹이 포위된 길을 단신으로 뚫고 행재소에 도착했다.

병조판서 이항복은 정충신을 예쁘게 보고 아들처럼 대했으며 사서를 가르쳐주기도 했다. 머리가 총명한 정충신은 그해 가을에 행재소에서 실시하는 무과에 응시해 합격했다. 그는 후일 경상병마절도사가 되었으며, 이항복은 그를 기특하게 여겨 동서로 삼았다. 광주시 금남로는 정충신이 진무공신 1등에 책록되어 금남군錦南君으로 봉해진 것에서 비롯된 명칭이다.

이렇게 직간접적으로 이항복과 인연을 맺은 이들은 이항복이 출사하고 선조와 광해군에 이르는 두 임금을 측근에서 모실 수 있었던 인적 네트워크의 출발점이었다. 또한 그들은 인목대비 폐모 사건 때에는 이항복과 함께 여론을 형성해 동반 탄핵을 받기도 했다.

이항복이 지은 시문집 『백사집白沙集』을 살펴보면 그가 어떻게 사람들을 대했는지 알 수 있다.

나보다 뛰어난 자는 그를 우러러 본받고勝於我者仰而慕之
나와 같은 자는 사랑하고 서로 사귀기를 힘쓰며與我同者愛而交相勖
나에게 미치지 못하는 자는 가엾게 여겨 가르친다면不及於我者憐而敎之
천하가 마땅히 태평할 것이다天下當太平矣

이항복은 오랫동안 사가독서로
공부한 다음 홍문관(옥당)을 거쳐
이조전랑의 자리에 올랐다. 이 자리는 품계는 낮으나 판서의 견제는
물론 후임자 추천까지 할 수 있어 출세를 바라는 사대부는 필히 거치
고 싶어 하는 요직이었다. 그러나 그만큼 뇌물과 유혹이 많은 불안한
자리였다. 이항복은 이때부터 작심하고 아예 인사 청탁을 받지 않아
후일에도 인사 청탁이 먹혀들지 않는 정승이라는 평판을 들었다.

이항복을 잘 모르는 사람들은 그가 농도 잘하고 늘 웃음을 던져주
는 터라 인사 처리도 쉽게 하는 것으로 여겨 보화를 들고 인사 청탁을
넣는 경우가 꽤 있었다. 그럴 때마다 이항복은 면전에 대고 이렇게
소리를 질렀다.

"여보시오. 예로부터 보화가 많으면 집안에 근심걱정이 많다고 했
소. 집안에 걱정거리가 많은가 보오. 여기까지 들고 온 걸 보면 말이
오. 그 많은 걱정거리를 나와 나누시려는 모양인데 자기 집안 걱정은
자신이 처리하는 것이 옳지 않겠소? 내가 그 보화를 받아서 걱정을
함께 나누어주면 좋으련만 난 도통 걱정이 없어서 보화도 필요 없단
말이오."

이항복은 문장가로도 이름을 날렸는데, 조선에서 문장을 잘한다는
말은 학자로서 뛰어나다는 것만이 아니라 외교적, 정치적 문장술이
탁월하다는 것을 의미했다. 『백사집』을 살펴보면 이항복은 옛 문헌에

통달한 듯 고문古文을 자유자재로 썼으며 기상이 넘쳤다. 이항복의 뛰어난 문장술은 특히 명나라와의 교류와 친소관계에 목숨을 걸어온 조선 조정에 큰 힘이 되었다.

문장이 대단했던 만큼 이항복이 남긴 작품도 여럿 된다. 특히 율곡 이이의 비명을 그가 썼다는 점은 그의 문장에 대한 평가가 어떠했는지를 보여주는 대목이다. 이순신의 비명도 그가 썼으며 당대의 여러 학자들과 관료들의 비명을 그가 지은 것을 보면 그의 실력을 짐작하고도 남을 일이다. 또한 신흠, 장유, 이정구 등의 문장가들은 한결같이 이항복의 필체야말로 살아 숨쉬는 기개와 힘이 넘친다고 평가했다.

특히 이항복이 남긴 『조천록朝天錄』은 '정응태 무고 사건'을 해결하기 위해 명나라에 다녀오면서 느낀 점을 기록한 것으로, 기행문학의 결정체로 평가받고 있으며, 후대 사행문학使行文學의 발전과 함께 많은 작품들이 창작되는 데 큰 영향을 주었다.

이처럼 이항복은 관료로서뿐 아니라 문장가로서도 뛰어난 실력을 보였던 것이다.

늘 꼼꼼하고 완벽하게 일을 처리하다

이항복은 꼼꼼하기로 소문난 인물이었다. 그는 철두철미하게 공직을 수행하는 신하라는 평가를 받았는데, 그가 이런 칭송을 들은 이유 가운데 하나는 바로 결벽증에 가까울 정도로 꼼꼼하게 일을 처리하는 습관 때문이었다. 그는 현장을 중시해 현장에서 들려오는 소리를 직접 확인하고 그것을 토대로 뛰어난 문장을 만들어 임금에게 보고했다.

1593년 윤11월, 38세의 이항복은 왕세자인 광해군을 수행해 지방 삼도 순시에 나섰다. 그는 광해군과 함께 떠나면서 선조에게 건의해 동궁(광해군)이 남행할 때 현지에서 시위병을 뽑아 쓸 수 있도록 해달라고 요청했다. 왕세자의 보호를 위해서는 시위병이 필요하지만 서울에서 뽑아 내려가면 왕성의 방위가 문제 되기에 현지에서 조달하려고 한 것이다. 이런 사소한 것까지 신경 쓰는 그였기에 선조는 그를 남달리 아끼고 도와주었다.

광해군을 수행하고 돌아온 이항복은 선조에게 상소를 올려 산성을 이용한 방어 문제에 대해 보고했다. 문사 출신 관료가 산성의 지세를 파악하고 분석한 이 상소문은 그 자체가 전략적 지침이었고, 평면도를 보는 듯 구체적이었다. 일 못하는 소인배들이 문제점만 장황하게 나열하는 것과 달리 그는 철저하게 대책을 제시했던 것이다.

이항복은 이 상소에서 여섯 개의 산성을 언급했다. 남원의 교룡산성, 화순의 철옹산성, 담양의 금성산성, 나주의 금성산성, 강진의 수인산성, 정읍의 입암산성이 그것이다. 그는 이 산성들을 언급하면서 산성의 역사를 밝히고 고문헌을 찾아 그 사실을 입증했으며, 지리적 이점과 단점을 아주 세세하게 보고했다. 여기에 자신의 느낌까지 상세하게 올려 군주가 이를 읽기만 하면 무슨 소리인지 금방 알아들을 수 있도록 했다. 나주의 금성산성을 보고한 글을 보자.

금성산성은 서남북 삼면의 지세가 험준하며 동문 밖의 한 면만 평평하여 적이 공격할 수 있습니다. 성안에 다섯 개의 우물이 있는데 동문과 대곡에 있는 우물이 큽니다. 또 성안에 네 개의 봉우리가 있는데 동쪽은 정녕, 남쪽은 주봉, 서쪽은 오도, 동쪽은 노적이라 부릅니다. 이 봉우리들끼리 서로 몸짓과 손짓으로도 호응이 가능하며 말로 전달하는 것도 가능합니다. 동쪽과 북쪽의 두 봉우리 사이 골짜기를 산줄기가 둥그렇게 둘러싸고 있어서 군사를 숨길 만합니다. 어떤 이는 샘물이 부족하다고 하지만 이 성을 쌓을 때 인부 5천 명이 동문 우물 하나만 사용하였어도 그 물이 마르지 않았다고 합니다.

이항복은 삼별초군이 몽고에 항복하지 않고 담양으로 왔을 때 모든 군현들이 정복되었으나 정여가 금성산성을 굳게 잠그고 지키고 있어 7주야를 공격하다가 포기하고 돌아갔다는 기록을 제시했다. 또 거란군이 쳐들어왔을 때도 현종이 남하해 이곳에 군사를 주둔했는데 거란이 성을 넘지 못했고, 그들이 퇴각한 후 현종이 이 고을을 목으로 승격시켰다고 보고했다.

마치 평면도를 그려놓고 내려다보며 설명하는 것처럼 자세하고 입체적인 이항복의 상소는 비변사로 전달되어 비변사가 각 고을을 점검하고 성곽을 수리하도록 선조에게 건의하는 장면으로 이어진다.

비변사에서 전라도 각지의 산성을 수축하여 들어가서 지키게 하도록
건의하다.

-『선조실록』 26년 12월 3일조

남도의 방비가 이로 인해 더 강해진 것은 두말할 필요도 없다. 이항
복이 문장가로 이름을 날린 데에는 이런 꼼꼼하고 정확한 설명과 철두
철미한 조사, 고문헌에 통달한 실력이 뒷받침되었던 것이다.

위기와 난관을 딛고 일어서다

이항복의 재주를 시기라도 하듯
그에게도 위기가 찾아왔다. 그는
공직 생활을 하는 동안 주위를 돌아보지 않는 자유로움과 강직함을
자신의 무기로 삼았다. 그러나 이로 인해 그는 여러 차례 탄핵과 파
직의 고초를 겪었으며 질시와 비난도 받아야 했다.

1591년, 정철이 논죄의 대상에 오른 일이 있었다. 사람들은 모두
자신에게 화가 미칠 것이 두려워 정철을 찾지 않았으나, 이항복은 매
일 정철을 찾아갔다. 보통 벼슬아치라면 꿈도 꾸지 못할 일이었다.
하지만 이항복은 논죄의 대상이 되었다고 해서 죄인이 된 것은 아니

라며 정철과 자주 만나 이야기를 나누었던 것이다.

이 일로 이항복은 좌승지가 되었을 때 정철 사건의 처신 문제를 들고 나온 언관들의 공격을 받고 파직되었으나 선조가 그를 잘 알고 있는 데다 대사헌 이원익의 적극적 비호로 사태가 진정되었으며, 오히려 그는 도승지로 승진했다.

이 외에도 이항복은 1602년 기축옥사에 연루된 문신이자 학자인 성혼을 구하려다 탄핵받고 사직했는가 하면, 1613년에도 언관의 탄핵으로 사직했다.

한편 이항복은 선조를 사랑하고 존경했으나 할 말은 하고 지적할 것은 조목조목 따졌다. 그는 군주의 리더십에 대한 확실한 기준을 갖고 있었기에 선조에게 이를 제시하곤 했다. 이항복의 군주론은 왕의 정심正心에 있었다. 왕이 올바른 마음을 갖고 정치를 펴야 나라가 바로 서고 신하도 올바르게 세워진다는 것이 그의 생각이었다.

이를 공도公道존중론, 혹은 공도론이라 하는데, 성리학을 공부한 학자들은 모름지기 나라의 부국강병과 정론정치를 위해서는 임금이 공도를 걸어가도록 노력하고 스스로도 올바르게 서야 한다고 본 것이다.

공도론은 이황의 물러남의 원칙에서 영향을 받은 것으로, 이항복은 공도론이야말로 선비의 자세와 임금의 자세를 동시에 올바르게 제고할 수 있는 방법이라고 여겼다.

이항복이 선조에게 공도에 대해 이야기한 부분을 살펴보자.

신은 매번 대궐 안에서 항상 말하기를, "현재의 급선무는 경비를 절약하고, 전제를 정하며, 군하群下가 서로 책면責勉하여 붕당을 깨고 염치를 권려하며 상께서 마땅히 성심을 열고 공도를 펴기를 힘쓰는 것이다" 하였습니다. 이 여섯 가지 외에 더 급하고 간절한 일은 없습니다.

－『선조실록』 34년 8월 13일조

위에서 성심을 열고 공도를 펴면 아래에서 능히 붕당을 깨뜨리고 염치를 면려하는 것이니 오늘의 급선무는 여기에 있습니다.

－『백사집』 「부록」 권1

임금과 조정이 먼저 절약하고 아끼며 세금을 정확히 매기고 서로 격려하고 견제하면서 붕당을 짓지 말고 노력하되, 임금이 더 노력해야 한다는 뜻이다. 왕의 정심이 곧 치도의 근본임을 지적한 이항복의 바른 말에 선조는 저절로 고개를 끄덕였다.

이어 선조가 붕당 타파에 대한 해법을 묻자 이항복은 전쟁 후에는 사대부들이 그 전과 너무나 달라져서 "비루한 일이 아주 많으므로 사람들이 보고 천하게 여겨 누가 무슨 일을 해도 백성들이 듣지 않는다"고 개탄하며 "상께서는 큰일을 담당할 만한 사람을 찾아 이를 시행하심으로써 기회를 놓치지 마시기 바란다"고 충고했다.

이처럼 이항복은 군주에 대한 애정 어린 충언과 정치적 언행, 공직자로서의 올곧은 행동을 통해 바람직한 참모의 모습을 보여주었다.

전란을 수습하고
외교 문제를 해결하다

임진왜란이 일어나자 이항복은 왕비를 개성까지 무사히 호위했고, 또 왕자를 평양으로, 선조를 의주까지 호종했다. 도승지로서 선조를 모시고 피란을 나가 임진강을 무사히 건넜을 때는 몸을 아끼지 않는 충성으로 선조에게 감동을 주었으며, 병조판서로서 명나라의 원조와 군대 파견 협약 등 전란 수습에도 힘썼다.

이항복은 임진왜란 때 명나라의 칙령으로 광해군을 수행해 지방 삼도를 순행했다. 그런데 1594년, 호서에서 반적이 일어났다. 송유진이 난을 일으킨 것으로 광해군이 서울로 몸을 피해야 하는 상황까지 몰렸으나 이항복은 좋은 계책이 아니라며 광해군에게 현장에서 이를 진압하도록 권했다. 광해군이 서울로 올라가면 선조를 몰아내고 세자가 왕이 되려 한다는 항간의 소문이 들어맞게 돼 곤경에 처할 수 있었기 때문이다. 광해군은 이항복의 권유대로 난을 진압한 뒤 서울로 올라가 오해를 풀 수 있었다. 이 일로 광해군은 이항복을 크게 신임하게 되었다.

당시 조선은 전란 못지않은 위기를 겪었는데, 앞에서 언급한 명나라 정응태 무고 사건 때문이었다. 이원익 등이 나서 해명했음에도 명나라의 화가 풀리지 않아 조선의 위기의식은 커져갔다. 이에 선조는 이항복과 이정구를 명나라에 보내 해명하도록 했다. 1598년 10월 21일의 일이었다.

우의정 이항복과 공조참판 이정구, 사예 황여일 등은 연경에 들어가 명나라 소상서를 만나 이 문제의 억울함을 호소했다. 이항복과 사신 일행은 무릎을 꿇고 앉아 조선이 처한 형편을 조목조목 이야기하고 협조를 요청했고, 명나라 소상서는 이를 듣고 긍정적으로 여겨 마침 자신의 문제까지 합쳐 명 황제에게 상소했다. 결국 이항복의 적극적인 노력으로 사실관계를 해명함으로써 조선은 한숨을 돌릴 수 있었던 것이다.

이 일에 앞서 이항복은 도승지로 있을 때 왜군이 길을 빌려달라며 보낸 편지 한 통을 없애지 않고 간직하고 있었다.

그런데 전란 초기 명나라 조정은 일찍이 조선과 왜가 교류한 적이 있다는 것을 이유로 조선이 왜를 도와 명나라를 침략하려는 것이 아닌가 하고 의심했다. 명나라 병부상서 석성石星은 조선 사신에게 사실 여부를 캐묻기도 했다. 강한 군사를 보유한 조선 같은 나라가 어찌 열흘 안에 도성이 함락되었는지 의심스럽다는 것이었다. 명나라에서는 서일관, 황응양, 하시 등 의사義士 세 사람에게 조선의 사정을 직접 살피도록 지시했다.

조선 조정에서는 왜군이 보낸 편지를 황응양에게 보이며 전후사정을 설명했으나 그는 "조선 조정이 만든 가짜 편지"라고 하며 믿지 않았고, "만약 왜가 보낸 편지라면 조선 조정의 협조를 받으려고 한두 통만 보내지는 않았을 것"이라며 다른 편지가 더 있는지 물었다. 조선으로서는 곤혹스러운 일이었다. 없는 편지를 만들어줄 수도 없는 데다 없다고 하면 의심만 더 깊어질 것이 분명했다.

마침 왜의 편지를 가지고 있던 이항복이 이 소식을 듣고 달려와 황응양에게 내밀며 왜군은 이미 오래전부터 명나라와 조선을 치려고 했다는 사실을 입증해 보였다.

"중국이 우리나라와 일본이 통신한 일을 반드시 들었을 것이므로 조선이 왜와 통모通謀하였다고 의심한다면, 이를 속 시원하게 밝히기 몹시 어려울 것이 아닌가. 조선의 속마음을 똑똑히 밝히지 못한다면 명나라에 들어가고 싶어도 허락받기 어렵고 또 다른 문제로 걱정하게 될 것 같아 왜가 보낸 편지를 증거물로 보관하고 있었다."

황응양이 편지를 보고 "과연 왜의 편지이다" 하며, 드디어 소매에 넣고 가니, 명나라의 의심이 얼음 녹듯 깨끗이 풀렸다.

이처럼 이항복은 남다른 예지력을 가지고 있었다. 그는 후일 광해군 때도 후금(청나라)의 세력이 강해지고 있음을 염려해 광해군과 이 문제를 논의했다. 이에 광해군은 재위 초기 이항복을 서북면 사도 체찰사로 임명해 후금에 대한 방비를 철저하게 하라고 지시했다.

인조가 명나라에 매달리는 정치를 편 것과 달리 광해군은 후금과 명나라 사이에서 교묘하게 줄타기 외교를 펼쳐가며 균형감 있게 조절했던 것이다.

이항복은 서북면으로 나가 외직 인사권을 활용해 우수한 인재를 천거하고 정치권을 장악해가던 대북세력의 독주를 견제하기도 했다. 이 일은 후일 정인홍 등에게 밉보이는 계기가 되었다.

조선참모실록

또한 이항복은 명나라와의 외교 문제도 원만하게 해결해 광해군이 후금에만 쏠리지 않도록 중심을 잡았다. 그러나 폐모반대론으로 이항복이 축출된 후부터 조선의 외교는 이가 빠진 듯 흔들거렸다.

죽음으로 직언의 역사에 한 줄기를 이루다

이항복이 해학에 능하다고 해서 그를 직언도 할 줄 모르는 유약한 인물로 여긴다면 큰 오산이다. 그는 오히려 할 말을 해야 할 때 이를 망설이지 않아 죽음에 이른 충신이다.

많은 학자들은 광해군에 대해 이야기할 때 그가 군주의 자리를 지키지 못한 이유로 첫째, 적자 계승이 아니어서 명나라의 신임을 받지 못한 점, 둘째, 정치적인 적을 너무 많이 양산한 점, 셋째, 폐모살제의 패덕을 일으킨 점 등을 꼽는다. 여기에서 폐모살제란 비록 계비였으나 모후인 인목대비(선조의 비)를 서궁에 유폐하고, 부왕의 적자인 영창대군을 강화도에 귀양 보냈다가 죽인 것을 말한다. 유교국가에서 군주가 윤리적 패덕을 저지른 것이 인조반정을 불러온 가장 큰 화인이었다는 뜻이다.

그런데 이때 인목대비 폐모론을 들고 나온 이는 당대의 권신들인 정인홍과 이이첨 등이었다.

광해군 10년(1618년) 1월 4일 우의정 한효순 등이 백관을 인솔하고 정청해 폐모론을 주장했다. 한 나라의 국모가 되어 이의(영창대군)를 낳아 왕으로 세우기 위해 은밀한 모의를 획책하고 갖은 술수를 부렸으니 폐출하자는 것이었다. 하지만 당일의 일을 기록한 사관이 이렇게 밝혔다.

이는 이이첨이 지은 것이다. 이첨이 한효순을 협박하여 의논을 정하게 하고는, 제학 이경전과 유몽인을 불러 한 막소幕所에 함께 들어가게 한 뒤 김개로 하여금 붓을 잡고 입으로 불러주는 대로 쓰게 한 것이다. 이는 대개 이첨과 허균, 김개가 오래전부터 밖에서 구상해온 것이다.

– 『광해군일기』 10년 1월 4일조

대신과 중신들은 폐모론을 주장한 이이첨 등에 대해 죽을힘을 다해 반대하고 확고한 태도를 보여야 했으나 이를 외면하고 끌려 다니기만 했다. 조정의 분위기가 경직되고 언제 죽음을 당할지 모를 상황이었다는 당시 실록 기자의 증언을 보더라도 대부분의 신료들은 폐모론을 받아들여야 했을 것이다.

그러나 중풍에 걸려 누워 있던 백사 이항복은 임금에게 상소를 올려 폐모반대를 강하게 외쳤다.

신은 8월 9일에 중풍中風이 재발하여 몸은 죽지 않았으나 정신은 이미 탈진된 상태입니다. 직접 뵙지도 못하고 멀리서 분수에 입각하여 죽음을 결심한 지도 지금 거의 반년입니다만 아직 병석에 있습니다. 공무에 관한 모든 일에 대해서 대답하여 올리기 어려운 형편이지만, 이 문제는 국가의 대사인 만큼 남은 목숨이 아직 끊어지지 않았는데 어찌 감히 병들었다고 핑계 대면서 잠자코 있을 수 있겠습니까. 전하를 위하여 이 계획을 한 자가 누구인지 모르겠습니다만, 임금께 요순의 도리가 아니면 진술하지 않는 것이 바로 옛날에 있었던 명훈明訓입니다. ……이제 마땅히 효도로 나라를 다스려야 온 나라가 앞으로 점차 감화될 가망이 있을 터인데 무엇 때문에 그런 말을 해서 전하에게 이르게 한단 말입니까. 자식 된 도리는 능히 화평함으로 효도를 다하여 노여움을 돌려 사랑하도록 만든 우순의 덕을 본받아야 하는 것입니다. 이것이 바로 어리석은 신의 소망입니다.

　　　　　　　　　　　　　　　　　－ 『광해군일기』 9년 11월 24일조

　이항복은 인목대비 폐출을 주도한 신하들을 비판하는 한편 광해군의 부덕을 지적했던 것이다. 이항복의 상소로 잠잠하던 반대론이 들끓자 권신들은 아연실색해 앞에서처럼 신료들의 의견을 가짜로 꾸미고 반대론자들의 대표격인 이항복과 영의정 기자헌의 처벌을 요구하는 상소를 올려 여론을 주도했다.
　광해군은 반신불수의 몸으로 군주에게 도전한 버릇없는 원로대신의 처리를 두고 난처한 입장에 놓였다. 62세로 이미 은퇴 상태인 이항복을 내치기도 어렵고 그냥 두자니 상소가 빗발칠 것이 뻔했다.

광해군은 결국 폐모반대론의 거두인 이항복과 기자헌을 유배형에 처했다. 특히 이항복은 미운 털이 박혀 유배지 결정에서도 수도 없이 장소가 변경되었다.

광해군 9년 12월 16일에 "이항복을 위리안치시키라"는 명이 떨어진 이후 17일에는 용강, 18일에는 경상도 흥해, 21일에는 창성昌城, 24일에는 경원慶源, 28일에는 남쪽의 다른 도, 29일에는 삼수三水로 계속 바뀌다가 해를 넘겨 1월 6일에는 "대신이 아무리 죄를 지었다고 하더라도 변경에 둘 수 없다. 길주나 북청 등지로 고쳐 정하라"고 해서 마침내 북청으로 유배지가 정해졌다.

이항복은 반신불수의 몸을 이끌고 유배지를 향해 길을 떠났다. 그는 망우리 고개를 넘어서며 자신의 속내를 담은 한 수의 시를 남겼다.

철령 높은 재에 지고 가는 저 구름아
고신원루를 비삼아 띄워다가
님 계신 구중궁궐에 뿌려 본들 어떠리

한평생 군주와 나라를 위해 몸 바친 노 정승의 심정은 눈물과 회한으로 가득 찼으리라. 망우리는 근심을 잊는 곳이다. 서울을 떠나기에 앞서 모든 근심과 걱정을 놓고 유배지로 떠나야 할 터인데 이항복으로서는 미련과 아쉬움이 가득했을 것이다.

먼 유배지로 떠나야 하는 안타까움과 억울함, 매듭을 지어놓고 오지 못한 답답함, 전란 시절부터 목숨을 걸고 지켜온 군주가 자신을 내치는 데 대한 섭섭함 등이 그의 가슴을 짓누르며 괴롭혔을 것은 두말할 필요가 없다.

그럼에도 오로지 나라와 군주의 앞날을 걱정하는 심정을 고스란히 담은 이 시는 이항복의 충성심을 엿보게 해준다.

이항복은 환갑이 넘어 중풍에 걸린 몸으로 임금에게 패륜의 잘못을 직언하고, 젊은 후학들에게는 신하의 용기와 선비의 올바른 자세가 무엇인지 일깨워주었다. 가만있으면 지금까지의 명성을 잃지 않았을 터인데 굳이 나서서 평지풍파를 일으키려 하자 주위에서는 그를 말렸지만 그의 직언을 막을 수 없었고, 이로 인해 그는 정치적 탄압을 받아 죽음에까지 이르렀던 것이다.

큰 시련을 딛고
나라를 안정시키다

평생을 올곧은 공직자의 모습에서 빛나간 적이 없었던 이항복은 폐모반대론으로 숙청당해 북청으로 유배를 떠난 후 끝내 도성으로 돌아오지 못했다. 하지만 그는 유배지인 북청 땅에서조차도 반신불수의 몸을 그냥 두지 않고 후학들을 위해 마음껏 희생했다. 그는 마지막까지 제자들을 길러가며 새로운 조선을 꿈꾸었던 것이다.

북청으로 유배된 이항복이 그곳에서 유생들에게 학문을 가르친 것

• 화산서원 화산서원은 이항복의 학문과 덕행을 기리기 위해 1635년 지방 유림의 공의로 창건되었다. 1975년 9월 5일 경기도기념물 제46호로 지정되었다. 경기도 포천시 가산면 방축리 소재.

을 계기로, 인조반정 뒤 그가 신원伸寃되자 그의 학문과 덕행을 추모하기 위해 세운 곳이 노덕서원老德書院이다. 이항복은 직언을 한 대가로 타향 땅에서 세상을 떴으니 향년 63세였다.

이항복은 일생 동안 네 가지 큰 시련을 겪었다. 첫째가 임진왜란, 둘째가 정철과의 교류로 인한 탄핵, 셋째가 정응태 무고 사건, 마지막이 인목대비 폐출 사건이었다. 그는 이 네 가지 사건에서 충성되고 일관된 정치관과 정직함은 물론 목숨까지 던지는 공직자의 기개를 보여주었다.

광해군에게서 일시적으로 핍박을 받았지만 광해군조차 이덕형의 예에 따라 이항복을 복권시켰고 예장을 함은 물론 경유지마다 관에서 운구에 협조하라고 명했다. 두 임금에 대해 충성스런 보좌와 전란의 해결사로, 사람을 가리지 않는 사랑으로 큰 존경을 받은 그는 청백리에 뽑혀 청렴함이 후세에 널리 알려지기도 했다.

이항복은 어린 시절부터 병약했고 부모를 일찍 여의었지만 오히려 자유롭게 자라났고, 시련을 딛고 일어서 피비린내 나는 전쟁의 고통과 피란살이 속에서도 나라 안팎과 조정의 상하좌우를 두루 평안케 하며 나라의 안정을 되찾는 데 결정적 역할을 했다.

최고의 협상가이자 참모로, 때로는 직언과 때로는 해학으로 강온을 조절하며 정론을 주도함으로써 이견異見을 좁혀간 이항복의 처세법은 후학들이 배워야 할 진정한 리더의 표준이 아닐까?

【6】

잠곡潛谷 **김육**金堉

숯을 구워 팔며
삶의 실상을 깨닫다

한평생 대동법만 외친 집념의 리더십

김
육

퇴계 이황이 스스로 절제하고 몸을 낮추어 세상과 소통하려 했다면 김육
(1580~1658년)은 현실에 뛰어들어 자기주장을 확실하게 펼침으로써 꽉
막힌 관료 사회를 적극적으로 설득해나간 집념의 리더였다.

　조선시대 역사 인물을 평가할 때 퇴계, 율곡 등은 높이 평가하면서도
김육에 대해서는 비교적 인색했던 것이 사실이다. 그러나 김육은 조선 후
기 민생경제 최후의 보루로 대동법 시행에 목숨을 걸었던 경제 관료이자
학자였으며 현장을 직접 발로 뛰어다닌 현실주의자였다.

　민생을 외면하고 당리당략에만 몰두하는 것이 정치인들의 속성이다.
하지만 김육은 그런 부류들을 설득하고 타협하되 결코 섞이지 않았다. 김
육은 과연 어떻게 당파적 이해관계를 뛰어넘어 30여 년간 서민들을 위한
정책 실현에 온몸을 바칠 수 있었을까?

김식과 조광조의
핏줄을 타고 나다

김육은 선조 38년(1605년) 사마
시에 합격했는데, 이때 그의 나
이 26세로 사회 진출이 늦은 편은 아니었다.

김육의 부친은 일찍이 "네가 집안을 일으켜 세운다면 나는 지하에
서라도 오히려 기뻐할 것"이라고 했을 만큼 자식의 출사를 간절히 바
랐다. 그러나 그의 모친 한양 조씨는 그를 불러 훈계하곤 했다.

"너는 출사하고 나서 네 고조부와 외증조부의 교훈을 잊지 마라.
기묘사화의 아픔을 잊어서는 결코 안 된다. 남아대장부는 나아감과
물러섬을 정확히 하여야 하며 결코 정도를 벗어나지 않아야 한다."

모친이 '기묘사화의 아픔'을 언급해가며 김육을 훈계한 것은 바로
김육의 친가와 외가의 선조들이 기묘사화로 참변을 겪은 경험 때문

이었다.

김육을 한미한 가문 출신이라고 폄하하는 이들이 있는데 결코 그렇지 않다. 그는 가장 뼈대 있고 명망 있는 집안의 후손으로 그의 생애 전체가 핏줄의 영향을 깊숙이 받았다고 해도 과언이 아니다.

김육은 기묘팔현이라고 칭송받은 김식金湜의 고손이다. 김육의 고조부 김식은 조광조 등과 도학소장파를 이루어, 왕도정치의 실현을 위해 미신 타파, 향약 실시, 정국공신 위훈 삭제 등의 개혁정치를 편 인물로, 1519년 현량과에 장원급제해 사림들의 신뢰를 크게 얻었고 아주 짧은 기간에 부제학과 대사성까지 오른 실력 있는 학자이자 관료였다. 그러나 그해 11월 조광조가 폐출되는 기묘사화 때 화를 입었는데, 그는 섬에 유배될 것이라는 이야기를 듣고 몸을 숨긴 후 「군신천재의君信千載義」라는 시를 써놓고 자결했다.

김식의 자결은 그의 집안에 상당한 충격을 주었다. 부제학에 정3품 대사성에까지 오른 대학자가 사화에 휩쓸려 자결함으로써 후일 정치적으로 복권되었지만 후손들은 한때 생사를 가늠하기 어려울 정도로 고통을 겪었다. 이 때문에 정치에 염증을 느낀 김육의 증조부 김덕수金德秀는 아예 벼슬에 나가지 않았고, 조부 김비金棐는 군자감의 한직 관료인 판관 벼슬을 지냈으며, 부친 김흥우金興宇는 참봉이었으니 당시로서는 몰락한 가문이었다. 부친이 김육에게 적극적으로 출사하라고 한 이유는 고조부 김식의 영광을 되찾으려는 바람이 있었기 때문이다.

한편 김육의 모친 한양 조씨는 기묘사화의 주역 조광조의 증손녀였다. 조광조는 중종의 신임을 얻어 조선 사회의 개혁을 급하게 밀어붙이다가 사사당한 개혁의 전도사가 아닌가. 그는 사림의 힘을 키우고 삼사에 사림세력을 대거 포진시킨 후 왕권을 견제하고 윤리적이고 도덕적인 제왕교육을 통해 중종을 거듭나게 하려 했으며, 중종반정으로 득을 본 정치집단의 과도한 욕심과 경제적 침탈을 개혁하려다가 목숨을 잃었다.

사정이 이러했으니 김육의 모친이나 김육 스스로도 김식과 조광조 등 친가와 외가의 선조들이 모두 사화에 휩쓸려 처참한 죽음을 당한 것을 결코 잊을 수 없었다. 김육의 모친은 그가 조만간 출사할 터인데 선조들의 전례를 밟게 될까 봐 노심초사했던 것이다.

인동초 같은 삶을 통해 백성들을 돌아보다

김육은 지역적 기반이 없었다. 그는 이른바 특정 계보나 지역 연고를 통한 이익을 거의 누리지 못했고, 학문도 독학으로 배웠다.

김육은 9세 때 당시 부친이 부임해 있던 평안도 강동에 유배된 퇴계의 제자 조호익에게서 학문다운 학문을 처음 배웠고, 15세 이후에는 해주에 몸을 피해 있던 성혼에게서 학문을 배웠다. 성혼은 조선 중기의 문신이자 학자로 서인과 정치노선을 같이 했고 이이와 함께

서인의 학문적 원류를 형성했다.

그래서 김육의 학문은 이황과 이이의 학문을 절충했다고 평가받았으나 정신적 원류는 퇴계에게 기울어져 있었다. 후일 퇴계에 대해 비판적이던 정인홍에게 밉보여 환란을 겪기도 했지만 엄밀히 따져보면 김육이 퇴계의 문하생이었다고 보기는 어렵다. 또한 그는 서경덕과 신흠의 영향도 받았다. 그러니 그가 정해진 스승 없이 독자적으로 학문을 배웠다고 해도 지나친 말이 아니다.

이렇듯 김육은 지연과 학맥의 득을 보지도 못했고, 처지가 궁핍했다. 그러나 이 시기는 그가 민생의 현장에서 백성들의 삶을 이해하는데 큰 도움이 되었을 것이다.

어떤 이는 좌절하면서 모든 것을 포기하지만 어떤 이는 좌절하면서 새로운 힘과 용기를 얻는다. 김육은 후자에 속했다.

역사가들은 젊은 시절 김육이 어느 누구에게도 도움을 받지 못하고 성장한 이력과 여러 고난의 행군이 그에게 인동초 같은 끈질긴 인내심과 강한 의지를 심어주었다고 평가하고 있다.

김육은 44세 때까지 관운이 없어 천대를 받으며 시골에서 농사를 지으며 생계를 이어야 했기에 인생의 중반기까지 그의 삶은 고난극복의 연속이었다.

오현종사운동을 주도하다

김육은 겉으로 드러내지는 않았으나 옳다고 믿는 일은 반드시 해내고 마는 강한 의지를 갖고 있었다. 게다가 기개 높은 선조의 핏줄이라는 강한 자부심과 사회 개혁에 대한 굳은 신념을 가졌으며 역경에 굴하지 않는 꿋꿋한 인내심까지 갖추고 있었다. 이렇듯 강한 그의 신념은 성균관 재학 시절 커다란 반향을 불러일으키는 사건을 만들어낸다.

성균관 학생으로 공부하던 김육은 광해군 2년(1610년) 성균관 유생들과 오현종사五賢從祀운동에 개입했다.

오현종사란 공자를 제사지내는 문묘에 사림파가 추대하던 김굉필, 정여창鄭汝昌, 조광조, 이언적李彦迪, 이황을 오현으로 해 배향하도록 요청한 것을 말한다. 이것은 이미 선조 때 시작된 운동으로 광해군이 이를 받아들여 오현으로 확립되었다.

그런데 그다음 해에 광해군의 신임을 받던 정인홍이 자신의 스승이 오현에서 빠진 것을 보고 이언적과 이황을 오현에서 빼야 한다고 임금에게 주청하고 병을 핑계하며 자리에 나오지 않았다.

이 소동을 본 김육을 비롯한 성균관 유생들이 격분해 정인홍의 이름을 「청금록青衿錄」에서 빼버렸다. 「청금록」은 성균관 유생들의 출석부와 비슷한 것으로 사대부에게 「청금록」에서 제명당한다는 것은 호적을 파버리는 것과도 같았다.

이 일에 앞장선 김육은 대북파 조신들의 격렬한 비난을 받았다. 결국 성균관 유생들 가운데 주동자들에게는 대과에 응시하지 못하게 하는 벌이 가해졌다. 다음 해 이항복 등의 주선으로 자격 박탈은 철회되었으나 그는 이미 정치 현실에 환멸을 느끼고 있었다. 이후 그는 몇 번에 걸쳐 과거에 응시했어도 낙방을 거듭했다. 그의 모친이 염려한 대로였다.

이 사건으로 김육은 광해군을 보는 눈과 대북파가 주도하는 정권 하에서의 실천적 개혁에 상당한 회의를 느꼈던 것으로 보인다. 그는 광해군 치하에서 대과를 보는 것이 의미 없다고 여기던 차에 마침 광해군 5년(1613년) 계축옥사(대북파가 소북파를 몰아내려고 일으킨 옥사)와 인목대비 폐모론이 들끓자 정치에 관심을 버리고 경기도 가평군 잠곡潛谷리 청덕동으로 거처를 옮겨 농사를 지으며 칩거에 들어갔다. 이 시절의 답답한 심정을 노래한 것으로 보이는 시 한 편이 전해온다.

옛 역사는 보고 싶지가 않구나古史不欲觀

볼 때마다 눈물이 흐르니觀之每并淚

군자들은 반드시 곤액을 당하고君子必因厄

소인들은 득세한 자들이 많도다小人多得志

성공할 즈음이면 문득 패망이 싹트고垂成敗忽萌

안정될 듯하면 이미 위태로움이 따르네欲安危已至

삼대 이후 오늘 날까지從來三代下

하루도 제대로 다스려진 적 없다오不見一日治

백성들이 무슨 잘못 있으랴生民亦何罪

저 푸른 하늘의 뜻 알 수가 없으니冥漠蒼天意

지난 일도 오히려 이러하거늘旣往尙如比

하물며 오늘날의 일이겠는가而況當時事

― 김육, 「관사유감觀史有感」

　아마도 이 시는 김육이 가평군 잠곡리 청덕동으로 들어가던 시기에 쓴 것으로 보인다. 이 시에는 관료들의 썩어빠진 실상을 고발하고 자신의 처지를 한탄하는 마음이 담겨 있다.

　강산도 변한다는 10년간의 칩거 생활은 호방하던 김육의 성격을 잠재우고, 그를 침착하고 진중한 경세가로 거듭나게 하는 계기가 되었다.

숯을 구워 내다 팔며
곤궁을 극복하다

가평군 잠곡리 청덕동에서 김육은 기나긴 고난의 행군을 시작해야 했다. 그러나 이 기간 동안 그는 자신의 그릇을 이제까지와는 다른 깊이와 넓이로 키워나갔다. 잠곡이란 호도 여기서 짓게 된 것이다.

이 시절 김육은 얼마나 어렵게 살았던지 처음엔 아예 들어가 살 집도 없어 굴을 파고 지냈으며, 초가 없어 소나무 송진을 태워 글을 읽었다고 한다.

살기 남기 위해 김육은 남의 밭을 매주기 일쑤였고 직접 숯을 구워 한양까지 나가 팔아서 생계를 꾸리는 등 양반 사대부로서는 좀처럼 하기 어려운 일들을 해야만 했다. 한마디로 밑바닥 인생을 온몸으로 겪은 셈이었다.

당시 성균관 동료들과 친구들조차 김육을 찾지 않았고, 정계에서도 그를 눈여겨보는 이가 없었으나 유일하게 부마 신익성이 찾아와 그의 외로운 삶을 돌아보았다는 이야기가 전해온다.

부마 신익성은 선조의 사위로 영의정을 지낸 신흠의 아들이다. 신익성은 선조 39년(1606년) 오위도총관을 역임했으나 광해군 등극 후 폐모론에 반대하다가 축출되었다. 같은 입장이 된 신익성이 성균관 유생 시절 기개를 펼친 김육을 찾아 가평까지 내려온 것이었다.

"아이구, 부마님께서 어떻게 여기까지 오시었소?"

부마 신익성은 김육보다 아홉 살 아래였으나 왕의 사위인 데다 높은 벼슬을 지냈으니 당연히 고개를 숙여야 했다.

"그간 너무 적조했습니다. 벽촌에서 고생이 심하십니다그려."

"뭘요, 이젠 몸에 익어서 그리 어렵지도 않소이다."

김육은 옷도 갖추지 못한 채 땀을 뻘뻘 흘리며 몇 마디만 하고는 다시 밭을 갈았다. 신익성은 하는 수 없이 하루 종일 밭일을 하는 김육을 따라다녀야 했다.

그날 밤 조촐한 식사와 술을 나누며 학문과 정치적 식견, 세상을 보는 눈을 이야기하다가 두 사람은 의기투합했다. 신익성은 김육의 해박한 지식과 백성들을 사랑하는 뜨거운 열정에 감탄했고, 김육은 축출됐다고는 하나 부마인 신익성이 직위를 내던지고 내침을 당한 자신을 극진히 대하는 모습에 감동했던 것이다. 두 사람은 서로 미래를 함께 짊어지고 가야 할 동지애를 느꼈고, 급기야 사돈을 맺기로 했다.

김육으로서는 손해 보는 일이 아니었으나 신익성으로서는 망해가는 양반에게 딸을 주는 모험을 한 셈이었다. 그러나 이 일은 신익성이 김육을 보는 눈이 얼마나 정확했는지를 말해준다. 김육의 학문과 기개, 숨겨진 포부를 읽어낸 그가 즉석에서 사돈을 맺자고 제안한 것이 놀라울 따름이다. 일설에 따르면 신익성이 찾아왔던 그날에 김육의 아들 김좌명金佐明이 태어났다고 하는데, 김좌명은 1616년생으로 김육이 잠곡리 청덕동에 들어간 다음 해에 태어났으니 충분히 가능성이 있는 이야기이다.

이날의 약속은 후일 그대로 지켜졌다. 신익성은 김육의 아들 김좌명에게 딸 신 씨를 보내 혼례를 올리게 했고, 후일 김좌명은 호조판서와 병조판서를 지냈으며 조카여식을 현종에게 시집보낼 정도로 정치적 기반이 탄탄했다.

불운하던 시절 신익성의 왕래는 김육에게 큰 희망을 주었을 것이다. 혼인을 맺는 사이까지 되었으니 정신적으로도 큰 위로가 되었음에 틀림없다.

그 후 김육은 청덕동에서의 삶을 미래를 준비하는 투자와 연습의 시간으로 삼았다. 당시 그가 쓴 것으로 알려진 한 편의 시에서는 앞의 시보다 훨씬 여유롭고 편안함이 느껴진다.

자네 집에 꽃 피었거든 날 청해옴세

나도 내 집에 술 익었거든 자네를 부름세

백년 덧 시름없을 일을 의논코자 하네

이 시는 지금도 한다하는 서예가들이라면 누구나 한 번씩 써보는 멋진 작품으로, 자연에 깊이 정착한 김육의 모습을 엿보게 해준다.

그러나 김육의 은거 생활은 결코 평탄하지 않았다. 조선 중기 서민으로 시골에서 산다는 것 자체가 고난이었다. 전쟁과 기근, 한발과 전염병은 단골손님이었으니 먹고사는 문제가 당장 생사로 이어졌던 것이다.

김육이 주목받는 공직자가 된 배경은 사실 이 시절의 경험 때문만은 아니다. 그는 어린 시절부터 평범하지 않은 인생 노정을 겪으며 성장했다.

15세 때 그는 부친상을 당했고 임진왜란을 겪었으며 인천, 안악, 해주, 연안 등을 돌며 고생스런 삶을 이어갔다. 전쟁이 끝나자 엎친데 덮친 격으로 그의 조모와 모친이 세상을 떠나고 말았다. 이로 인해 김육은 21세 때 동생들을 데리고 한양에 살고 있던 고모네로 와 몸을 의탁할 수밖에 없었다. 이때 그는 병을 얻어 죽음 직전까지 가는 위기를 겪기도 했으나 고모의 병수발로 간신히 목숨을 부지할 수 있었다.

10년에 걸쳐 배고픈 백성들과 함께 고통을 겪은 김육. 그에게 이기간은 허송세월이 아니라 그로 하여금 반드시 백성을 위한 정치를 하고야 말겠다는 강한 집념을 갖게 한 밑거름이 되었다.

인조반정으로 기사회생하다

인고의 세월을 보내던 김육에게 드디어 기회가 찾아왔다. 바로 인조반정이 일어난 것이다. 광해군이 물러나고 인조가 등극하자 그는 정치권에서 가장 먼저 찾는 인물이 되었다.

김육은 인조 1년(1623년), 유일遺逸로 추천되어 의금부도사로 관직 생활을 시작했다. 그의 나이 44세 때였다.

조선시대는 과거로 뽑히지 않고도 무시험 선발제도로 관료가 될 수 있는 길이 몇 가지 있었는데 이른바 '천거제'가 그것이다. 여기에는 유일 천거제와 효행자 천거제, 현관現官(현직 관리) 천거제, 수령守令(지방 장관) 천거제 등이 있었는데 그중에서도 과거에 급제하지 않았거나 급제자 중 오랫동안 등용되지 못한 이를 천거하는 것이 유일 천거제였다. 김육은 광해군 시절 억울하게 밀려났기에 인조가 그를 좋게 보고 추천을 받아준 것으로 보인다.

김육은 이듬해인 1624년 이괄의 난 때 인조가 있던 행재소(임금이 임시로 머무는 행궁)에서 열심히 일해 그 공을 인정받아 곧바로 음성현감에 제수되었다. 당시 인조는 이괄이 반란을 일으켜 서울을 점령하자 공주까지 피란을 가야 했다.

그해 10월 김육은 증광문과에 장원급제해 자신의 실력을 과시했다. 이때부터 그는 정치적 요직을 두루 거치며 다양한 관직의 사람들과 사귀며 자신을 널리 알렸다.

늦은 나이였으나 출사해 실력을 마음껏 발휘한 김육에 대해 조정 대신들은 "김육은 천성이 본디 단정하고 성실하며 지조가 있었다. 일찍이 혼조에서는 과거에 응시할 생각을 버리고 산골짜기에서 몸소 농사를 지어 사뭇 옛사람의 풍도가 있었고 반정 뒤 맨 먼저 학행으로 발탁되었다"고 칭찬했다.

1627년에는 정묘호란으로 온 나라가 혼란에 빠졌고 백성들은 극심한 굶주림에 시달렸다. 당시 김육은 후일 영의정이 된 김류의 종사관으로 일하며 전후 처리에 힘썼고 백성들을 살릴 수 있는 방안을 찾기 위해 몰두했다.

전쟁 중에도 붕당의 이익만 따지는 정치인들에게 김육은 혐오를 느꼈다. 그는 현실적 경세가였다. 정치적 입장이 다르다고 무조건 반대를 일삼는 조정 내에서 우선 살아남는 것이 급선무였으나 그는 타협적이거나 자신의 입장을 물리는 사람이 아니었다. 다만, 젊은 시절보다 훨씬 유연해져서 반대 입장의 상대를 설득해가는 정치력을 발휘했던 것이다.

조선 최고의 실물경제 관료로 대동법을 견인하다

17세기는 조선의 정치·경제사적 측면에서 커다란 전환기였고 과도기였다. 우선 조선은 국가 건설기부터 철저히 의존해온 명나라의 급진적 쇠퇴와 청나라의 도약에 정신적으로는 물론 사회적으로도 큰 충격을 받았다.

임진왜란의 후유증도 채 극복하지 못한 상태에서 병자호란의 참화까지 겪은 조선으로서는 국제 정세의 변화에 능동적 대처가 불가능했다.

우선 조선의 위정자들은 민생 안정과 경제 회복, 피폐해진 농촌의 삶을 복구해야 했다. 그런데 정작 조선에서는 청과의 마찰, 후계자인 소현세자의 갑작스런 죽음, 봉림대군(효종)의 등극 등으로 정치적 혼란이 계속되었고, 때 아닌 북벌론으로 반청反淸운동을 벌이며 정치적 결속을 강화하려는 이상한 움직임을 보였다.

집권세력인 정치가들이 다분히 주자학적 명분론으로 임금과 국민이 죽고 나라가 결딴나더라도 숭명반청은 그만둘 수 없다는 식의 정치적 이데올로기를 전면에 내세우며 반대파를 밀어붙이고 정치권을 장악해갔던 것이다.

이런 상황에서 김육이 홀로 백성의 삶을 안정시키고 나라를 일으키기 위해 대동법을 주장했으니, 이는 시대를 앞서가는 고도의 정치적 결단이자 탈관료적 발상이었다.

관직에 올라 정치에 참여한 김육의 가장 큰 공로는 무엇보다 정치적 견해가 다르면 무조건 반대부터 하는 풍토 속에서도 지치지 않고 자신의 신념대로 대동법 실시를 줄기차게 주장했다는 점이다. 그는 반청보다 백성들의 먹고사는 문제가 더 중요하다고 보았다. 이른바 '안민익국론安民益國論'을 주장한 것이다.

김육은 1638년부터 대동법 실시를 관철시키기 위한 작업에 착수했다. 그런데 사실 그의 대동법 발상은 잠곡리 청덕동에서 시작되었고, 음성 현감으로 있던 1624년에 이를 실천에 옮겨야겠다고 굳게 마음먹었다.

이때 김육은 현실을 도외시한 과중한 세금과 세금수납 정책의 문제점을 조목조목 지적하고 과세정책의 개혁을 주장했는데, 조정에서는 지방 목민관의 충정어린 생각이려니 하고 그냥 무시해버렸다. 정치적으로 이 문제를 쟁점화하기에는 그의 힘이 너무나 미약했던 것이다.

그 후 김육은 조정 핵심부의 관료 생활을 거쳐 승진을 거듭하면서도 이 문제를 결코 잊지 않았고 자신에게 어느 정도 힘이 생기자 대동법 실시를 외쳤으며 죽을 때까지 무려 20여 년간 전국에 대동법을 확대 실시하자고 주장했다. 물론 그가 대동법의 전면 실시만 주장한 것이 아니었다. 정치권에서 한 가지라도 얻어낼 것이 있으면 물러서지 않고 그것부터 실현하려고 했다.

대동법은 공납의 폐해를 줄이기 위해 세금을 쌀이나 베로 받는 제도였다. 조선시대 공물제도는 각 지방의 특산물을 바치게 했는데, 불공평하고 수송과 저장에 불편이 많았다. 또 방납防納(대납), 생산되지 않는 공물의 배정 등 관리들의 부패와 해악으로 농민 부담이 커질 대로 커져 김육은 이를 중지시키고자 한 것이다. 결과적으로 국가 재정을 늘일 수 있고, 늘어나고 백성들의 부담도 줄일 수 있는 현명한 제도였다. 농민들로서는 쌀 두 말, 베 한 필로 정해진 세금만 내면 되는 효율적인 과세제도였다.

1638년 충청도 관찰사가 된 김육은 충청 지역에 먼저 대동법을 실시하자고 했고, 이것이 제대로 받아들여지지 않자 인조와 효종 양 대에 걸쳐 대동법 실시에 매달렸다.

　인조는 대동법을 실시하면 국가 경비가 부족할 것이라는 반대 쪽 의견을 더 따랐기에 김육은 실망했으나, 효종이 즉위하고 우의정이 되자 다시 대동법을 들고 나왔다. 그의 상소를 간략하게 정리해보면 주장의 핵심을 알 수 있다.

　"대동법은 역役을 고르게 하고 백성들을 편안하게 하는 것으로 진실로 백성을 구제하는 방책입니다. 비록 전국에 걸쳐 하기는 어렵지만 쌀이 많이 나는 삼남三南에 실시하면 좋은데 부호가 많은 곳에서 오히려 대동법 실시를 싫어합니다. 임금께서는 부자들의 말에 귀 기울이지 마시고 백성을 편안하게 하는 이 법을 시행토록 배려해주십시오."

　김육이 주장한 계책은 늙고 병들어 귀농한 자의 군역 자리는 채우지 말고 양반이든, 서얼(첩의 자식)이든, 서민이든 간에 군직에 종사하는 자를 제외한 모두에게 군포를 내도록 하고, 떠도는 백성들을 귀농시키며 호서 지방에 사는 일부 지역에 주전鑄錢(돈을 주조함)을 허락해 작목을 대신하게 하자는 것 등 대부분이 백성의 고역을 덜어주는 방책이었다.

　그런데 효종 역시 인조처럼 입장이 곤란했다. 대동법을 실시하면 부자들이 반대할 것이고, 실시하지 않으면 서민들이 원망할 것이 뻔했다. 게다가 정치적 논쟁 중에 김상헌, 김집, 송시열, 송준길 등 실세들이 이를 반대하니 안 그래도 부정적이던 임금은 대동법 시행을 미루도록 했다. 하지만 시대적 흐름은 이미 김육이 내다본 대로 흘러가고 있었다.

　여론에 밀려 결국 효종은 재위 2년 6개월째 되던 달에 비변사에서 결정한 대로 대동법을 시행하되 호서에서만 시행하고 호남에서는 시행하지 않는 변칙적 방법을 적용케 했고, 호서에 해당하는 충청도에서부터 대동법이 실시되었다.

　부자들의 입장을 대변하는 관료들의 조직적 저항으로 미루어져왔으나 서민들의 고통을 줄이기 위해서는 대동법을 반드시 실시해야 한다고 믿은 김육에 의해 마침내 관철되었던 것이다.

　대동법을 시작한 이가 이원익이라면 대동법을 확산한 이는 김육이다. 17세기 초 이원익 등의 주장으로 대동법의 전신이라 할 수 있는 수미지법收米之法이 실시되었는데, 이것을 17세기 중엽에 찬반양론이 격렬한 가운데 김육이 앞장서서 확산시킴으로써 충청도와 전라도에 대동법을 선보였고, 이런 노력이 결실을 맺어 18세기 초에는 드디어 평안도와 함경도를 제외한 전국에서 대동법이 실시되기에 이르렀다. 이로써 상품 유통이 확산되고 실물경제가 돌아가기 시작했다.

선진문물을 접하고 돌아와 실물경제의 개혁을 외치다

김육이 위민정치에 눈을 뜬 계기는 어려웠던 자신의 은둔 생활과 깊은 연관이 있지만 출사하고 나서 네 번에 걸쳐 중국을 방문한 경험이 큰 도움이 되었다.

명나라는 이미 기울대로 기울어 관료 사회의 부패가 하늘을 찔렀다. 이에 반해 청나라는 한창 일어서는 나라로 국제 질서가 개편되는 과도기에 있었다.

이 어지러운 상황을 돌아보며 김육은 오로지 백성들을 위한 정책 발굴에 집중했다. 좋은 결말을 얻기도 어려운 북벌론이나 이데올로기 갈등에 매달리기보다는 민생의 현실적인 문제들을 정부 차원에서 해결해내려고 했던 것이다.

그 가운데 하나가 안면도 바닷길 뚫기였다. 안면도는 본래 곳으로 태안읍 남면과 연결되어 있었는데, 세미稅米를 한양으로 빠르게 운반하는 방법이 마뜩치 않았다. 비교적 잠잠한 천수만으로 배를 몰고 나올 뱃길이 없으니 안면도를 돌아 조수 변화가 심한 근해를 항해함으로써 격랑에 배가 깨지는 것은 물론이고 왜구에게 약탈까지 당했다.

태조 때부터 세조 때까지 조운선 200여 척이 침몰했고 쌀 1만 8천여 섬이 가라앉았으며 수장된 사람만 1천 2백 명에 달했다. 태안 앞바다 안흥량 위쪽부터 남단 영목항까지의 바다는 농어민들에게 그야말로 공포의 대상이었다.

더욱 큰 문제는 이렇게 파선이 되고 나면 다시 세금을 걷기 위해 백성들이 수탈당해야 한다는 점이었다.

이 지역은 고려 때부터 운하를 파기 위해 많은 백성들이 동원되었고, 조선시대에도 중종 때 승려들을 동원해 안면도(굴포) 운하를 파내려간 적도 있다. 하지만 화강암층과 운하 착공을 둘러싼 여러 가지 잡음, 관료의 수탈, 왜구의 출몰 등으로 차일피일 미루다 끝내는 실패하고 말았다.

인조 16년(1638년) 충청도 관찰사 김육은 이 화강암층을 피하기 위해 안면읍 창기리와 태안군 남면의 신온리 사이를 강제로 뚫어가는 우회로를 고안해냈다. 바닷길을 새로 내기로 한 것이었다. 그는 직접 현장에 달려 나가 솔선수범하며 운하공사를 독려했다. 부족한 경비를 조달하고 곳곳에 있던 암반을 뚫고 공사를 끝내자 바닷길이 2백 리 이상 단축되었다고 한다.

아마도 김육이 그곳에 더 재임했다면 태종 때부터 숙원이었던 3킬로미터에 달하는 굴포 운하를 개통하는 용단을 내렸을지도 모른다. 현재 그 유적이 남아 있는데, 이 문제는 지금도 안면도(굴포) 운하 복원이라는 주제로 자주 돌출되고 있다.

한편 효종 원년(1650년) 김육은 중국 동전 15만 문文(조선시대의 화폐 단위)을 수입해와 평양 등에서 사용토록 했으며 동전 주조와 화폐 사용을 강력하게 주장했다. 중국에서의 화폐 사용을 본 그는 조선 경제도 하루빨리 그렇게 개혁되기를 바랐던 것이다.

이미 중국 경제는 유통의 길이 열려 화폐와 물자들이 전국으로 오가는 시대에 접어들었는데 조선은 여전히 물물교환시대를 벗어나지 못하는 상황이었다.

그러나 이 문제도 시전상인들과 결탁해 영리를 꾀하고 있던 조정 관료들의 미적지근한 입장으로 지지부진하다가 김육이 죽은 후 1670년에 이르러 겨우 지방과 관에서 동전을 사용하기 시작했고, 1720년대 이후가 되어서야 활발하게 통용되었다.

또한 김육은 명나라에서 수많은 선박들과 이에 물자를 공급하는 수레를 보고는 조선에서도 물자 유통을 촉진하기 위해서는 수레를 사용해야 한다고 주장했고, 수차水車의 사용과 농사기술의 개선, 시헌력 사용을 통한 역법의 선진화를 주장해 눈길을 끌었다. 하지만 조정에서는 그의 앞선 사고를 이해하지 못했다. 소현세자가 왕좌를 지켰다면 아마도 조선 경제는 김육의 주장을 받아들여 훨씬 빨리 회복

• 『잠곡집』 김육의 경세관을 담은 책이다. 시문, 대동법 시행, 시헌력 채택 등 여러 글이 담겨 있다. 서울 대학교 규장각 소장.

될 수 있었을 것이다.

김육은 이에 낙담하지 않고 기근 등 각종 재난과 질병에 시달리는 백성을 구할 목적에서 『구황촬요救荒撮要』, 『벽온방辟瘟方』 등을 편찬했고 『유원총보類苑叢寶』, 『해동명신록海東名臣錄』, 『잠곡유고潛谷遺稿』 등의 저술을 남겼으니 기록자로서의 그의 업적 또한 결코 녹록치 않았다. 그의 서적들은 훗날 실학자들의 사상과 정책에 깊은 영향을 끼쳤다.

민생경제를 두루 살핀
최후의 보루

조선 중후기 경직된 조정에서 김육처럼 자신의 소신을 마음대로 펼치고 주장한 인물은 찾기 힘들다. 소통이 꽉 막힌 조정에서 그는 어떻게 자유롭게 발언할 수 있었을까? 이는 김육이 위민정신으로 무장한 철학과 명문가 후손으로서의 자부심, 사회 개혁을 이루고 말겠다는 의지의 발로가 충만했기 때문일 것이다.

김육은 백성을 풍족하게 하고 나아가 국가 재정을 확보하는 방안으로써 유통경제를 활성화하기 위해 각지에 퍼져 있는 은광 개발을 허용하자고 했다. 또한 그는 가뭄 등의 재난을 미리 예방하는 방도로 서울의 각 개천을 준설(바닥에 쌓인 흙이나 암석을 파헤쳐 바닥을 깊게 함)하자는 주장을 펴기도 했다.

안면반도를 뚫어 섬으로 만든 그였기에 도성의 개천 준설에 대한 생각도 할 수 있었을 것이다. 학자 출신 관료인 김육이 개천 준설까지 살펴볼 정도로 열린 사고를 갖추고 있었다는 사실은 그야말로 열린 경세가였음을 다시 한번 확인하게 해준다.

영의정까지 오른 김육은 죽을 때조차 효종에게 국가 시책을 제시하며 마지막까지 충성을 불태웠을 만큼 오로지 나라를 위한 충성된 관료의 길을 걸었다.

김육은 말년인 효종 8년(1657년)에 올린 한 상소에서 자신의 충정을 털어놓았다.

"백성이 하늘로 섬기는 것은 먹을거리입니다. 백성의 먹을거리가 없으면 나라에서는 백성들이 없어질 겁니다. 전하는 과연 누구의 군君이 되시려 하십니까?"

이처럼 김육은 주자학적 명분론만 강조하던 당시의 사회 분위기에서 보기 드물게 이론적 뒷받침이 가능한 실천적 개혁 정치가였다.

1658년 79세를 일기로 김육이 세상을 떠나자 효종은 "어떻게 하면 국사를 담당하여 김육과 같이 확고하여 흔들리지 않는 사람을 얻을 수 있겠는가" 하며 탄식했다.

전쟁과 반정에 시달리던 백성을 위로한 큰 어른

16세기와 17세기는 조선 백성들에게 유난히 고달픈 세월이었다. 네 번에 걸친 국제 전쟁으로 조선 사회는 초토화되어 백성들은 당장의 끼니조차 해결하지 못했으나 위민정치는 실종되었고 반정과 북벌론으로 혼란이 극에 달해 있었다.

이러한 시기에 고달픈 백성들과 대화하고 그들을 조금이라도 위로해주고 도와주려고 했던 사람이 바로 김육이었다. 그 자신도 숯을 구워 내다 팔아 생계를 꾸렸을 만큼 어려운 시절을 겪었기에 그 누구보다 백성들을 위한 정책을 펼치려고 노력했던 것이다.

김육은 대동법의 효과를 한마디로 "호서에서 대동법을 실시하자

• 김육 묘 김육은 17세기 후반의 개혁 관료로 조선의 대내외 상황을 정확히 인식해 실용경제 회복 대책을 대동법에서 찾아냈다. 그의 삶은 백성을 위한 섬김의 표준이 되었다. 경기도 남양주시 삼패동 소재.

고을 백성들은 밭에서 춤추고 삽살개도 아전을 향해 짓지 않았다"라고 표현했고, 유서에도 호남의 대동법 시행을 위한 계책을 적어놓을 만큼 대동법에 모든 것을 걸었다.

김육에게는 백성을 굶기는 정치는 결코 정치가 아니라는 굳은 신념이 있었다. 그는 도덕적으로 자신을 수양한 다음 확고한 소신을 바탕으로 백성과 나라에 이로운 정치이념을 발전시키고 정책으로 구현해냈던 것이다.

18세기 초에 이르러 평안도와 함경도를 제외한 전국에서 대동법이 실시되었으니 김육은 경제를 튼튼히 하고 사회를 개혁할 수 있는 단초를 제공해준 것이나 마찬가지였다.

또한 김육은 당파적 이해관계나 자리 보존보다는 위민정책을 구현하기 위해 최선을 다했다. 그가 죽은 지 반세기가 지나지 않아 조선에 실학 기풍이 널리 확산되었고 사회 개혁 열기는 더욱 높아졌다. 이 모든 것은 경직되고 스스로의 틀에 갇혀 있던 기존 사대부 집단에게 자신의 집념과 위민정신을 몸소 보여준 김육의 리더십 덕분이었다.

【7】

명곡明谷 **최석정** 崔錫鼎

이념을 던지고
실용을 택하다

비난을 이겨내고 터득한 실용주의 리더십

최
석
정

최석정(1646~1715년)은 병자호란 때 주화파의 거두인 최명길의 손자로, 당대 최고의 가문 출신답게 똑똑하고 자부심 강한 청년으로 자라났다.

그러나 조선 사회는 명분을 중요시한 사대부 사회가 아니던가. 죽을지 언정 오랑캐에게 무릎을 꿇지 않겠다는 자존심으로 똘똘 뭉친 사대부 사회에서 조부 최명길이 보여준 실리주의 사상은 그들의 집중적인 논죄와 비난의 표적이 되었다.

자존심 강한 명문세도가의 청년이 자신과 가문에 쏟아지는 비난의 화살을 받아들이기란 쉬운 일이 아니었을 것이다. 무엇보다 명분을 강조하는 사대부의 삶을 배우며 최석정은 정체성의 혼란을 겪어야 했다. 특히 임금(인조)을 오랑캐 앞에 무릎 꿇게 만든 할아버지의 원죄(?)를 짊어지고 관직으로 진출한다는 것은 그에게 상당한 부담이 되었다.

그런 상황에서 최성적은 자신과 할아버지를 비난하고 사람 취급도 하지 않는 선비 사회를 껴안고 보듬었고, 관직에 올라 임금을 보좌하며 최고의 재상으로 이름을 날렸다. 최석정이 꽉 막힌 명분론자들 사이에서 할아버지의 뒤를 이어 실리주의를 선택한 배경은 무엇일까?

쏟아지는 비난을 받아내며
정체성의 혼란을 겪다

최석정은 인조 24년(1646년) 5월
20일 최후량崔後亮의 둘째 아들
로 태어났다. 최석정의 조부 최명길은 일찍이 인조반정에 동참했고 병
자호란이 일어났을 때는 이조판서로 청나라와 강화론을 주장했던 인
물이다.

이 때문에 조선 사대부들 가운데 상당수는 최명길이 살아 있는 동
안에도 그를 비판하며 당장 사형에 처해야 한다고 주장하는가 하면
사상적으로 실리주의를 추구하고 양명학을 지지한 최명길을 이단시
하며 선비 사회에서 축출하려고 했다. 최석정이 소년 시절을 거쳐 청
년으로 성장하던 무렵에도 이런 비판과 집단 따돌림은 계속되었다.

그 당시 조선 사회가 숭명반청의 분위기와 북벌의 꿈으로 술렁거릴 때였다. 그러니 청나라와 강화를 주장한 최명길에 대한 비판은 끊임없이 계속되었고, 그의 손자인 최석정이 원죄를 이어받아 정체성의 극심한 혼란을 겪어야 했음은 짐작하고도 남을 일이다.

이런 비난과 모욕은 조부 최명길의 사후에는 물론 부친과 최석정의 당대에까지 계속되었으니, 그는 평생을 고통에 시달렸다고 해도 지나친 말이 아니다.

심지어 최석정이 일인지하 만인지상의 최고 자리에 올랐을 때에도 조부 최명길을 욕하고 비난하는 소리가 끊이지 않았다. 오죽했으면 최석정이 숙종 32년(1706년)에 자신의 할아버지를 두둔하는 무려 4,630자에 달하는 장문의 상소문을 올렸을까? 그는 이 상소에서 조부를 욕하는 일부 선비들의 잘못된 시국관을 한탄하며 지극히 원통하고 답답한 일이라고 고백했다.

최석정은 한평생을 할아버지가 '선택'한 노선에 대한 혹독한 대가를 치르며 어렵사리 관직 생활을 이어나갔던 것이다. 과연 그는 이런 고통을 어떻게 이겨내고 자신의 길을 묵묵히 걸어갈 수 있었을까?

가문의 사랑과 어진 스승의 가르침을 받다

최석정이 온갖 심적 고통을 이겨내는 데 가장 큰 도움이 된 것은 가문의 사랑과 어진 스승의 가르침이었다. 그의 가문에는 독특한 전통이 있었는데, 바로 핏줄까지 내어주는 한없는 가족 사랑이었다.

특히 최석정의 조부 최명길은 가문과 가족에 대한 사랑이 대단했다. 그는 아들이 없어 동생 최혜길의 둘째 아들 최후량을 양자로 삼았다. 최후량은 후일 한성부좌윤에까지 올랐다. 그런데 최명길은 양자를 들이고 난 후에 친아들을 얻었다. 하지만 그는 조정에 보고해 양자를 취소하지 않고, 최후량을 끝까지 장남으로 삼아 사랑을 주었다. 이 때문에 양자 최후량도 양아버지 최명길의 사랑을 그대로 이어받았다.

최후량은 최명길의 친아들이자 동생인 최후상이 아들을 얻지 못하자 친아들 최석정을 양자로 들여보내주는 사랑을 베풀었다. 이처럼 최씨 가문은 할아버지 대부터 최석정 대까지 아들을 양자로 주고받으며 깊은 형제애를 나누었던 것이다.

최씨 집안의 가풍은 사랑과 존경, 신뢰라고 표현할 수 있는데, 이는 최석정의 성품에도 크게 작용했다. 후일 최석정의 후덕함은 모두 이런 가풍과 선조들의 인품에서 나온 것이다.

특히 최석정이 조부 최명길의 시문집인 『지천집』을 엮어낸 일은 그의 삶에 커다란 영향을 주었다. 그는 양명학에 깊은 동경을 보냈고 모든 사람이 척화를 요구할 때 홀로 주화를 주장하고, 명예와 명분론보다는 실리론을 우선한 조부 최명길의 삶을 통해 자신이 가야 할 길을 깨우치게 되었으며, 조부의 선택이 옳았다는 것 역시 알게 되었던 것이다.

한편 최석정의 스승들도 그에게 가르침을 남겨 그가 심적 고통에서 이겨낼 수 있도록 도와주었다.

최석정은 9세 때 이미 『시경詩經』의 전문과 『논어』, 『맹자』, 『중용』, 『대학』 등을 읽었고, 12세 때는 『주역』을 깨우쳐 손수 점치는 법을 그림으로 그릴 정도로 천재적인 두뇌를 자랑했다. 특히 그림과 숫자에 밝고 생각의 깊이가 바닥을 헤아리기 어려울 정도로 꼼꼼하고 침착했다.

어린 최석정을 가르친 스승들은 남구만南九萬과 박세채朴世采, 이경억李慶億인데, 이들은 최석정의 공직자상과 학문적 성향 그리고 정치철학에 깊은 영향을 끼쳤다.

남구만은 시조 "동창이 밝았느냐 노고지리 우지진다……"로 널리 알려진 인물이다. 그는 경서와 문장에 능했고 영의정까지 올라 한 시대를 풍미한 학자이자 관료로, 어린 최석정을 제자로 받아 들였다. 남구만은 서인으로 서인이 노소론으로 분열되자 소론의 영수가 되었으며, 후일 최석정 역시 소론의 영수가 되었으니 스승과 제자는 정치적 노선도 같이 걸었던 것이다.

박세채는 성리학과 예학에 밝은 대학자로 소론의 힘으로 좌의정까지 올랐으나 후일 노론 측의 입장을 지지하고 붕당의 폐단을 지적하며 탕평책을 제시했다. 박세채의 영향으로 제자인 최석정은 노론과 합의점을 찾으려 노력했고 스승처럼 탕평책을 주장했으며, 유화적 제스처와 온건주의로 노소론의 신뢰를 받았다. 박세채는 최석정에게 주로 『대학』을 가르치며 적을 용서하고 경쟁자들을 미워하지 않도록 했다.

이경억은 최석정의 장인으로, 남구만이나 박세채보다 몇 년 연배이며 이름이 비교적 덜 알려졌다. 하지만 그는 현종 때 좌의정까지 오른 전형적인 관료 출신이었다. 이경억은 삼사와 육조의 여러 관직을 거쳤다. 제주와 영남에서 어사를, 충청도에서 관찰사를, 그 후 대사성·도승지·대사헌을 지냈고 중국에도 다녀왔으며, 경기도 관찰사와 이조·호조·예조·형조의 판서를 지냈으니 조정의 거의 모든 내외직 부처를 다 섭렵한 공직자였다. 그는 스물여섯 살 아래의 사위 최석정을 성심으로 가르쳤는데, 이는 조정의 실질적 의례와 공직자의 처신, 법전, 처세법 등 출사 이후 꼭 필요한 정보들이었다.

이렇듯 최석정은 젊은 시절 조부 최명길과 세 명의 스승에게서 배운 다양한 학문과 유연한 삶의 철학으로 인해 그 복잡다단하고 붕당으로 시끄럽던 격동의 세월에 영의정을 무려 여덟 번이나 지낼 수 있었던 것이다.

줄기찬 직언과 개혁자로 풍랑을 겪다

최석정은 17세 때인 현종 3년(1662년) 감시監試 초시에서 장원을 하고 현종 7년(1666년) 진사시에서 장원을 했다. 또한 26세 때인 현종 12년(1671년) 과거에 급제해 승문원에서 일하게 되었으나 최석정의 공직 생활에는 조부의 문제 말고도 장애물이 많았다. 그는 외유내강의 성격이었기에 평소에는 한없이 부드러웠지만 군주의 잘못에 대해서는 반드시 짚고 넘어간 탓에 탄핵과 비난이 끊이지 않았다.

최석정은 숙종에게 책을 지어 올리고 학문을 가르친 스승이었다. 14세에 현종의 뒤를 이어 임금이 된 숙종은 자신의 학문을 키워 준 최석정을 늘 기억하고 있었다.

숙종은 드라마 등에서 변덕스럽고 여인네 치마폭에 가려진 줏대 없는 임금으로 그려져 있으나 사실은 정반대였다. 어린 나이에 왕위에 오른 숙종은 나이 많은 신료들을 쥐락펴락하며 왕권을 크게 강화했고 노론과 소론의 줄타기를 통해 권력의 배분을 교묘하게 시도해 신권을 약화시켰다.

숙종은 여느 임금보다 국방력과 외교력에 힘을 실었고 왕권과 국권이 모두 힘에서부터 비롯된다고 믿었기에 당쟁으로 기싸움이 치열하던 당대의 권력가들을 힘으로 누르고 밀어붙여 왕권을 크게 강화했다. 또한 그는 사림의 우상인 송시열을 내치고 거두었다가 다시 내치는 과정을 통해 사림의 기세를 꺾기도 했다.

최석정은 이런 정치사의 과도기에 버슬을 하게 되어 상당한 역경을 겪어야 했다. 다른 신하들이 숙종의 눈치를 본 반면 그는 부드러우면서도 할 말을 다하는 스타일이었기에 몇 번의 내침을 당할 수밖에 없었다.

임금을 훈계하고
삭탈관직당하다

최석정의 풍모를 엿볼 수 있는
사건이 숙종 재위 초기에 벌어졌
다. 숙종 4년(1678년) 윤3월 8일에 시정의 여론을 들은 최석정이 상소
문을 올렸는데. 이 일로 조정이 발칵 뒤집혔다. 5품 벼슬의 교리校理
가 임금을 훈계하듯 조목조목 따지고 들었는데 그 논리가 정연하고
기품이 있어 함부로 반박하기 어려웠던지 나이 어린 숙종이 어물쩍
이를 받아들이고 피해가려 했다.

최석정이 올린 상소문의 일부분을 보자.

"전하께선 청명清明하시고 순수하시지만 한번 생각하는 사이에 편
파적인 면을 보이시는 잘못을 범하십니다. 이것은 먼저 들은 말을 생
각지도 않고 그대로 주장하기 때문입니다. 그래서 옛 신하들은 다 당
파를 짓는다고 의심하고 신인新人은 다 충정하다고 생각하여 신임합
니다. 그러니 의심하는 자는 꺾고 부러뜨리며 꾸짖어도 부족해하고,
신임하는 자는 높여 키워서 권장하고 발탁하여 주느라고 겨를이 없
습니다."

이 정도면 군주에게 대놓고 한번 붙어보자는 도전이었다.

최석정은 구체적인 예를 들어 숙종을 공격한 다음 다시 과거에 저
지른 임금의 잘못을 일일이 열거했다.

"전하께서는 왕위에 오르신 지 얼마 안 되어 대신大臣을 유배하여
경솔히 가시밭길을 걸어가셨습니다. 요 몇 년 사이에 일을 말하는 신

하는 연달아 쫓아내고 벼슬도 못한 가난한 선비를 계속 벌주었으니, 인심이 어찌 흩어지지 않을 수 있으며, 선비의 기상이 어찌 억울하지 않겠습니까?'

그는 유배 보낸 송시열이 4년이 지났음을 예로 들고 김수항에 대한 처벌 교시도 심하다는 논지를 열거하며 숙종의 회심을 요구했다. 송시열과 김수항을 벌주면서 왕권을 휘어잡으려 한 군주를 비판한 것이다.

숙종은 이를 듣고 "군주의 지나친 거동과 시정時政의 시비是非를 숨김없이 다 이야기함은 바로 맡은 바 직분이지만, 이미 바르게 한 예론禮論을 다시 제기함은 온당하지 못하다"며 적당히 넘어가버렸다. 자신의 잘못을 통렬하게 지적한 데다 평소 최석정의 성품을 익히 알고 있던 숙종은 더 이상 문제 삼지 않으려고 했던 것이다.

그러나 이때 사간들이 벌떼처럼 일어나 일제히 최석정을 무례하다고 공격했다. 그들이 무려 열여섯 차례나 아뢰자 숙종은 어쩔 수 없이 그를 삭탈관직하고 문외출송門外黜送했다.

하지만 숙종은 그를 기억하고 있다가 그해 5월 25일에 한재旱災(가뭄으로 인해 생기는 재앙)를 핑계 삼아 최석정 등을 방면하게 했다.

최석정은 39세 때인 1685년에 두 번째 수난을 당했는데, 바로 신유의서辛酉疑書 사건 때문이었다. 당시 그는 윤증을 변호하고 김수항을 배척하다가 또 임금에게 밉보여 벼슬에서 쫓겨나고 말았다.

윤증의 서찰 때문에 비롯된 이 사건은 숙종조의 환란을 대표하는 것으로, 최석정은 객관성을 유지한 채 정확하게 신유의서 사건의 문제점을 짚어주었음에도 숙종은 그를 파직했다. 최석정의 소통방식과 숙종의 속내는 초점이 맞지 않았던 것이다.

신유의서 사건의 내막은 다음과 같다.

조선 유학 사상의 주류이자 대표라고 할 수 있는 책이 『사서집주四書集注』이다. 이 책은 『논어』, 『맹자』, 『중용』, 『대학』의 사서에 대해 주희가 해설한 것으로, 그의 해석 방법과 논조는 아무도 건드릴 수 없었다. 송시열은 이런 주자학의 대가이자 대표학맥의 원류였다. 그런데 남인인 윤휴가 주희의 해석을 비판했다.

"어떻게 주희가 말한 것이 다 맞을 수 있는가? 공자가 살아와도 나는 내 주장이 맞을 것이다."

이런 학문상의 논점과 견해 차이가 문제의 발단이었다. 송시열은 윤휴를 사문난적斯門亂賊으로 비난하고 나섰다. 사문난적이란 유교의 사상 교리를 어지럽히고 사상에 어긋나는 행동을 하는 사람을 일컫는다. 이때 많은 학자들이 송시열을 추종하며 윤휴를 비난했지만 제법 많은 선비들은 윤휴를 지지했다. 이 일로 서인은 송시열을 지지하는 노론과 윤휴를 지지하는 소론으로 갈라졌다.

윤선거는 윤휴를 지지하는 사람들 중 한 명으로 윤증의 아버지였다. 윤선거는 병자호란 때 강화도로 가 있다가 평민으로 가장한 뒤 성을 빠져나와 홀로 살아남았는데 후일 그는 이것을 자책하며 벼슬에서 물러나 후학만 가르쳤다.

윤선거가 죽은 후 그의 아들 윤증은 송시열에게 아버지 윤선거의 묘비명을 부탁했다. 그러자 윤선거에게 서운한 감정이 있던 송시열이 묘비명을 성의 없이 써주었고, 이에 대해 윤증은 송시열에게 항의하는 편지를 쓴 적이 있었다. 송시열이 평생 높이고 따른 사람은 주자였지만 정작 그의 행동은 주자의 가르침과 다르다며 송시열을 조목조목 공박한 편지였다. 편지의 내용이 지나치게 강경한 것을 보고 박세채가 만류해 보내지 않았는데 송시열의 손자이자 박세채의 사위인 송순석宋淳錫이 이를 몰래 베껴 송시열에게 전해주어 세상에 알려지게 되었다. 일부 사대부들의 치기 어린 충성심이 빚어낸 사건이었다.

대부분의 사대부들은 저마다 자기주장을 하며 송시열을 비호하고 윤증을 비판했다. 그런데 이때 최석정이 윤증을 감싸는 의견을 냈다. 그가 보기에 이 사안은 윤증이 욕먹을 일이 아니라 송시열을 비호하고 명분을 지키려는 당파적 발상이 원인이었다. 하지만 조정 여론을 지켜보던 숙종이 이를 거북하게 여겨 최석정을 파직하기에 이르렀던 것이다.

이 사건 이후 노론과 소론의 감정싸움은 더욱 치열해졌다. 하지만 최석정의 진심을 알고 있던 숙종은 그를 이내 다시 불러 호조참판으로 특별 승진시켰다.

이런 대목을 보면 숙종은 근본적으로 최석정을 신뢰했지만 직언하는 신하를 그냥 두면 왕권에 도전하는 신하들이 늘어갈 것을 우려해, 그때마다 내치고 다시 들이기를 되풀이한 것으로 보인다.

조선참모실록

• 옥천병암각자 낙향한 최석정은 태극정을 짓고 은거했다. 현재 태극정은 없어졌고 그 뒤편의 석벽에 그가 새긴 '옥천병玉川屛'이라는 글자만 남아 있다. 충청북도 진천군 초평면 금곡리 소재.

그러나 최석정은 이를 알면서도 신하 된 도리를 지켜 제대로 간하는 것이 옳다는 신념을 가졌기에 그만의 소통방식인 직언의 상소로 임금과 맞부딪쳤던 것이다.

장희빈 문제에
상반된 입장을 내놓다

최석정은 장희빈 문제로 두 번의 심한 고초를 겪었는데, 장희빈의 모친을 비난한 이익수를 두둔한 것과 장희빈의 굿판과 저주 사건에서 세자를 지키고자 장희빈을 죽이지 말자고 요구한 것이 빌미가 되었다.

두 사건에서 최석정은 상이한 입장을 취한 것처럼 보이지만 사실 그는 조정의 기강과 왕실의 평안을 간구하는 일관된 입장이었다. 사건의 내막은 이러했다.

숙종 14년(1688년) 11월 12일 지평 이익수가 장소의張昭儀(장희빈)가 왕자를 낳자 그 어머니가 산모를 구호하러 입궐하면서 외람되게 옥교屋轎(가마)를 탄 일이 있었기에 이를 문책하자고 상소를 올렸다.

"신이 듣건대 '희빈의 모친이 8인이 메는 옥교를 타고 궐중闕中에 왕래한다'고 합니다. 그런데 장소의의 어미는 한 천인賤人일 뿐인데, 어찌 감히 옥교를 타고 대궐에 드나들기를 이와 같이 무엄하게 할 수가 있습니까?'

숙종은 왕자를 낳은 장 씨에게 푹 빠져 있었기에 이익수를 파직했다. 왕이 총애하는 후궁이 왕자를 낳았는데 신하가 이를 업신여겼다고 판단한 것이다.

그러나 최석정은 원칙을 지키다가 화를 입은 이익수를 불쌍히 여기고 삼망으로 추천했다. 삼망이란 세 명의 후보자를 추천하는 조선의 인사추천방식으로, 최석정이 대간 자리에 이익수를 올린 것을 두고 시비가 벌어졌다.

조정이 시끄러워지고 여기저기서 최석정을 탄핵하자는 소리가 터져 나왔다. 끝내 최석정은 안동 부사로 쫓겨났으나, 숙종은 그를 다시 불러올려 일하도록 해주었다.

그로부터 13년 후 장희빈이 죽음에 이르는 사건이 일어났는데, 이때 최석정은 장희빈을 돕고자 임금의 반대편에 섰다.

숙종 27년(1701년) 희빈 장씨가 중전 자리로 돌아가기 위해 궐내에서 저주를 하고 굿을 하는 등 고약한 일을 벌이다가 발각되었던 것이다. 영의정 최석정은 이 사건을 조용히 해결하려고 했으나, 숙종이 관련자들을 직접 심문하자 희빈 장씨는 자칫 죽을 수도 있는 상황이었다.

당시 최석정은 세자(후일의 경종)를 보호하기 위해 그의 생모 장희빈의 죄를 더 캐내지 말고 덮자며 사약을 내리는 것을 반대하는 차자를 올렸다.

숙종은 크게 화가 나서 그를 진천으로 귀양 보내고 주거를 제한했다. 이에 좌의정 이세백, 우의정 신완, 정언 유응명, 판의금부사 이여李畬와 도승지 이돈李墩과 승지 조태구趙泰耈, 승지 윤세기尹世紀 등이 일제히 들고 일어나 최석정을 비호했다. 그들은 한결같이 최석정이 차자를 올린 것은 역적 장희빈을 비호한 것이 아니라 세자를 지키고 보호하려 함이라며 벌이 지나치다고 극력 반대했다. 그러나 말리는 사람이 더 많아지자 숙종은 불같이 화를 내며 자신의 지시를 그대로 시행하라고 했다.

하지만 장희빈이 죽고 나자 숙종은 이듬해 1월 5일 벌을 받고 있는 최석정을 불쌍히 여겨 방면하라 이르고, 1년 뒤인 2월 11일에는 다시 그를 불러올려 영의정으로 삼았다. 숙종으로서는 최석정만 한 참모가 없는 데다 그가 누구보다 인간적이고 정이 많다는 사실을 잘 알고 있었기 때문이다.

다음의 일화에서도 그런 최석정의 면모가 유감없이 드러난다.

장희빈에게 사약이 내려졌다는 소식을 들은 세자가 당황해 대신들에게 구명을 호소하고 자신의 위태로운 처지를 사정했다. 이때 좌의정 이세백은 뿌리쳤으나 최석정은 눈물을 흘리며 목숨을 걸고 세자를 보호하겠다고 했다.

숙종은 최석정의 이런 면을 사랑했다. 숙종은 대체로 그가 입바른 소리를 할지언정 대의를 중요시하고 군주를 바르게 섬기려 한 점을 높이 평가해주었다. 그래서 여러 번에 걸친 불화와 의견 차이가 발생했음에도 최석정을 여덟 번이나 영의정으로 다시 불러올렸던 것이다. 이 때문에 최석정은 경쟁관계에 있던 많은 관료들에게서 참소와 비난을 받기도 했다.

그러나 실록의 기자들조차 그가 세상을 떠나자 "낮은 벼슬에 있을 때부터 임금의 총애가 특별하여 만년까지 쇠하지 않자, 당인黨人들이 이를 매우 시기하여 처음에는 경서經書를 헐어 깨뜨렸고 성인을 업신여겼다고 모함하다가 마침내 병을 시중드는 데 삼가지 않았다고 죄를 만드니, 하루도 조정에 편안히 있을 수 없었다. 그러나 편안히 지내면서 끝내 표시를 얼굴빛에 나타내지 않으니, 사람들이 그의 너그

러운 도량에 감복하였다"고 기록해 최석정의 인물됨을 긍정적으로
평가했다.

사람을 사랑하고 배려하는
온순한 리더십

17세기 말~18세기 초 조선은
당쟁이 격화되던 시기였다. 이러

한 시절에 임금에게 바른 말을 하며 기개를 떨친 최석정은 어떻게 여
덟 번이나 영의정을 지낼 수 있었을까?

이 물음에는 최석정의 온순한 성격을 해답으로 제시할 수 있다. 앞
에서 살펴본 것처럼 최석정은 남들과 대화할 때나 매서운 비판과 지
적을 받을 때에도 얼굴에 노기를 띠지 않았다. 그는 외유내강의 성격
이었으며 남 앞에서 격하게 분을 발하거나 화를 내지 않았다. 또 남
이 하는 충고를 열린 마음으로 들으려 애썼다. 게다가 그는 대화를
즐겨하는 사교적인 성품이었다.

그렇다고 최석정이 남에게 혹은 군주에게 아첨을 하고 좋은 말로
잘 보이려 한 적은 결코 없었다. 오히려 그는 직언을 잘해 관직에 있
는 동안에도 여러 차례 귀양을 갔다.

그럼에도 최석정이 군주와 정치적 경쟁자들에게 특별히 대접받은
것은 그가 직언할 때조차 올바르게 예의를 지켰으며 목소리를 높이
지 않아 상대가 감정을 상하는 일이 없도록 배려했기 때문이다. 바로

이것이 최석정 특유의 소통방식이었다.

다시 말해 최석정은 업무와 사람을 구분해 대하는 처세술을 갖고 있었다. 그는 당론에서 서로 어긋나 자주 싸웠던 노론 측의 인사들과도 사석에서는 거리낌 없이 지냈고, 비록 죄인이라 할지라도 함부로 대하는 법이 없었다. 또한 아랫사람들에게 베풀어주는 것을 좋아했고 불쌍한 이들을 돕는 데 재물을 아끼지 않았다. 게다가 그는 친아버지가 유산을 자식들에게 분배해줄 때에도 유산을 거절했을 만큼 재물에 대해서는 욕심을 부리지 않았다.

최석정의 처세 철학에서 눈여겨볼 만한 것은 그가 결코 군주를 넘어서려 하지는 않았다는 점이다. 그의 시문집인 『명곡집』에서는 임금이 표준이라고 분명히 밝혔으며, 부화뇌동附和雷同의 자세를 버리고 스스로 나서서 어려운 관료들을 챙기며 신하의 도리를 확실하게 해 원칙을 지켜갔던 그의 모습을 엿볼 수 있다. 『명곡집』에 나온 구절을 옮겨보면 다음과 같다.

호감과 증오를 짓지 말고 내 눈으로 바르게 하며
조정이 분쟁으로 시끄러우면 내가 나서서 중재를 하네
붕당을 의심하지 말고 인재만을 등용하리

이처럼 더럽거나 시끄럽다고 물러서거나 피하지 않고 스스로 분쟁의 한복판으로 뛰어 들어가겠다는 적극적 의사표시는 최석정이 얼마나 대범하고 충성스러운 공직자였는지를 보여주는 것이다.

또한 최석정은 백성들을 위한 일에 명분과 직위를 버리고 뛰어들기도 했다.

숙종 21년(1695년)부터 5년간 조선에는 전례 없는 흉년이 들었다. 먹지 못해 쓰러지는 아사자에다 전염병과 가뭄이 심해 백성들은 극심한 고통을 겪었다.

청나라는 숙종이 식량을 원조해달라고 간청하자 쌀 1만 석을 먼저 보냈고 무역을 통해 2만 석을 더 보내주기로 했다.

우의정 최석정은 굶어 죽어가는 사람들을 구제하는 일에 누구보다 앞장섰다. 그는 한겨울 추위를 무릅쓰고 중강(의주)에 직접 나가 국외 무역을 감독하고 청나라 사신 도대가 올 때까지 기다려 그를 맞아 치사했다. 명분론을 지지하던 노론은 "오랑캐 족속인 청나라에서 곡식을 얻어먹는 행위는 구걸과 같다"며 쌀 도입을 반대했지만 최석정은 굶어 죽는 백성을 먼저 헤아려야 한다고 했다. 그는 일찍이 온갖 비판 속에서도 실리론을 주장하며 청나라와의 주화를 내세웠던 할아버지의 뜻을 그대로 이어받았던 것이다.

숙종은 이런 점을 최석정의 장점으로 보았고, 그는 이런 임금의 신뢰를 바탕으로 많은 개혁안을 정책으로 펴냈다.

명분보다는
백성이 잘살아야 한다

최석정은 사람은 모두 평등하다고 보고 서얼 철폐와 위민개혁안을 펼쳤다. 당시 조선은 관료들은 살기 편했을지 몰라도 백성들은 살림살이가 점점 더 나빠졌다. 큰 전란을 몇 번씩이나 겪으면서 농경지가 파손되었고 전염병과 가뭄, 홍수가 해마다 조선 땅을 괴롭혀 조선 인구가 크게 줄어들었다.

이른바 경신대기근(현종 11~12년, 1670~1671년)과 을병대기근(숙종 21~22년, 1695~1696년)이 그것이다. 경신대기근은 100만 명의 사상자를 낸 대기근으로 소빙하기 현상에 따른 기후 변화에서 비롯되었다. 이러한 현상은 한반도에서뿐만 아니라 전 세계에서 발생했는데, 서리, 우박, 큰 눈 등과 이상 저온 기후에 가뭄, 홍수, 태풍, 병충해까지 겹쳐 농작물이 큰 피해를 입었다. 그 정도가 얼마나 심각했던지 아이를 삶아 먹었다는 소문이 나돌기까지 했다.

을병대기근 역시 100만 명 이상의 아사자를 냈다. 당시 조선의 인구가 500만 정도였으니 인구수와 경제력에 치명적 타격을 받았던 것이다.

수많은 사람들이 굶고, 유랑하다가 결국 도적질을 해댔다. 장길산 같은 조직화된 도적이 나라를 뒤숭숭하게 만들던 시기였다. 그러나 조정에서는 남인과 서인으로 갈렸다가 다시 노론과 소론으로 나누어지는 등 민생 대책보다는 명분과 당파 싸움에만 매달렸다.

이러한 시대에 최석정은 나라의 안녕과 민생의 치유를 위해 여러 차례 개혁안을 내놓았다. 그는 군주를 비롯한 위정자들이 먼저 사치를 경계하고 나라의 근본인 백성을 위한 정치를 베풀어야 한다고 역설했다.

비록 그는 소론의 영수였지만 소모적인 당쟁을 멈추고 초당파적인 민생 정치를 시작하자고 제안하기도 했다. 이른바 탕평책이었다. 그는 숙종에게 붕당에 관계없이 인품과 능력을 위주로 인재를 발탁해 달라고 건의했는데, 특히 능력이 뛰어난 서얼에게도 중책을 맡겨야 한다고 주장했다.

조선 건국의 기획자인 정도전 같은 탁월한 인물도 서얼 출신이었다. 그러나 조선 중기에 이르자 서얼 차별이 심각해졌다. 인조 때 최석정의 할아버지인 최명길이 서얼 철폐를 완화하자고 주장해 일부 관직에는 서얼이 등용되었으나 요직에는 들어가지 못했다. 이 때문에 숙종 21년 영남의 서얼 988명이 연명으로 상소를 올려 서얼 차별 폐지를 요구했던 적도 있었다.

이 문제의 핵심은 법안이 질서가 없고 균등하지 못하다는 점이었다. 곧 부모가 다 평민이면 과거에 응시할 때 쌀을 내지 않아도 되었으나 아버지가 양반인 서얼들은 과거를 보기 위해서는 쌀을 납부해야 했으며, 급제 후에도 낭관이나 외직인 수령에도 오르기 어려웠다.

최석정은 이 제도를 개혁해야 한다고 지적했다. 그 요점은 첫째, 쓸 만한 인재를 가려 상당하는 직위를 줄 것, 둘째, 과거 합격자를 정

한 제도에 의거 삼조三曹와 각 사의 관직에 제수할 것, 셋째, 납미를
통해 가난한 자들의 과거 응시를 막는 폐단을 없애자는 것 등이었다.
숙종은 결국 그의 제안을 받아들여 서얼을 형조, 공조의 낭관으로 임
명케 했다.

이로써 당시 서얼로서 과거에 급제한 자가 100여 명이 넘었음에도
요직에는 단 한 명도 없는 실정을 어느 정도 개선할 수 있었다.

규제 완화는 백성들을 위해
시행되어야 한다 　　　숙종 23년(1697년) 1월 15일, 이
　　　　　　　　　　　조판서 최석정은 차자를 올려 규
제 완화와 시무 개혁책을 제시했다. 이 상소에는 시폐時弊 10조목이
들어 있는데, 강경 일변도의 법규와 규제를 시류에 맞게 고쳐 완화하
자는 내용이었다.

최석정은 명분보다 백성들의 실리가 더 중요하다고 여겼고, 백성
들을 위해 반드시 시급하게 이루어져야 할 사안들을 살펴 임금에게
올렸던 것이다. 주요 내용은 다음과 같다.

1. 양전量田은 차례로 정돈하되 어사御史를 파견할 필요 없이 수령으
　　로 하여금 맡아 단속하게 하여 올바른 방향으로 돌아가게 하고, 도
　　사都事가 순회하며 감시토록 하자.

2. 궁가宮家(궁실과 왕실의 집)들도 법대로 조세를 바치자.

3. 병역 비리가 심각한데 수십 년 사이에 병력의 수효가 크게 늘어났다. 피곤한 백성들은 신역을 피할 소굴만 찾으며, 간사한 서리胥吏가 이익을 독점하는 경우가 많으므로 이런 악습을 혁파하자.

4. 대동법은 본래 백성들에게 편리하도록 하기 위해서 만든 것이나, 법이 시행된 지 오래됨에 따라 폐단이 생겼다. 심지어 고을마다 각기 규정이 달라 경중輕重이 같지 않다. 그러니 한 도道가 대동大同할 수 있도록 고치자.

5. 우리나라가 해마다 세금으로 받아들이는 것이 13만 석에 불과한데, 종묘宗廟의 경비와 백관百官의 봉록奉祿이 3분의 1을 차지하며, 그 3분의 2는 군사를 양성하는 비용으로 삼으니, 군사의 수를 줄이자.

6. 흉년이 들어 모아놓은 곡식이 부족하니 공물의 원액元額에 따라 종수를 헤아려 감해주어 그 소비를 줄여주자.

7. 재해로 손상 입은 전지田地는 호조에서 의논하여 각 도에 결실을 나누어주자.

8. 기근 구제책으로는 주린 백성을 선발하여 양식을 지급하고, 값을 낮추어 곡식을 팔아주는 것 위주로 하자.

9. 흉년을 구휼하는 정책은 곡식을 모으는 것을 주로 삼는 것이지만, 관官에서 백성들의 곡식을 사들이는 데는 폐단이 매우 많다. 관에서 미곡米穀을 풀어 시중의 가격을 공평하게 하는 데 달려 있다.

• 최석정 묘 최석정은 정치색과 당파를 벗어나 민생을 위한 실용정책을 추진한 리더였다. 굶주림에 시달리던 백성들은 그에게서 적잖은 위안을 받았다. 충청북도 청원군 북이면 대율리 소재.

시중의 가격이 공평해지면 곡식이 많아져 백성들이 쉽게 살 수 있을 터이니, 그것이 좋은 방법이다.

10. 대궐이나 민간에서 당분간 사치를 줄이자

이렇듯 최석정은 숙종 연간을 대표하는 재상으로서 민생 문제를 해결하기 위해 노력했다.

과거 제도의
전면 개편을 요구하다

최석정은 조선의 관료 선발 문제에 대해 재검토를 요구하고 개혁을 외쳤다.

조선의 문관 채용 시험은 생진과生進科(소과)와 문과大科의 두 단계로 나누어졌다. 생진과에는 '사서오경四書五經'으로 시험 보는 생원과生員科와 시詩·부賦·표表·책策 등 문장으로 치르는 진사과進士科가 있었다. 초시初試·복시覆試에 모두 합격하면 과에 따라 생원 또는 진사가 되어 성균관에 입학하거나 대과에 응시할 수 있는 자격을 부여받았다.

대과에서도 초시·복시를 통해 합격하면 전시殿試에서 그 등급이 결정되었고 생진과에서는 200명, 대과에서는 33명이 선발되었다.

무관 시험 역시 초시·복시·전시를 거치는데, 초시에서는 서울과 각 도의 병영에서 200명을 뽑았고, 복시에서는 서울의 병조에서 행하되 28명을 선발했는데, 이들을 선달先達이라 했다.

조선에서 관리가 되기 위해서는 과거에 합격해야 했다. 그러나 문과에서는 제대로 학문을 배운 쓸 만한 인재를 찾기 어렵고, 무과에서는 합격자를 남발해 재원이 넘치는 것이 문제였다.

게다가 과거 시험장에서는 부정행위가 넘쳤는데, 쪽지를 들고 간다든지, 시관을 매수해 문제를 빼낸다든지, 답안지를 바꿔치기 하거나 대리 시험을 치게 하는 등의 각가지 수법들이 판을 쳤다.

조선 초기에는 이런 일이 거의 없었고 관리감독도 엄격했으나 조선 중후기로 갈수록 과거 제도의 문란으로 정부의 관료조직마저 흔들거릴 정도였다.

구체적으로는 문과의 경우 급제한 서울 출신 선비와 지방 출신 선비 간의 격차가 심하게 벌어진다든지, 공부가 부족한 경우도 많아 수험생들의 자질이 문제가 된 적도 있었다.

또 생원 진사과를 통과한 후 300점의 점수를 채워야 관시에 나갈 수 있도록 하는 규정이 있었다. 이는 일종의 출석점수로 성균관에서 아침과 저녁을 먹어야 1점을 받았기 때문에 3년마다 열리는 식년문과 초시인 관시에 응시하려는 수험생이 300점을 채우지 못해 관시 정원 50명을 채우지 못하기도 했다. 이처럼 정원이 차지 않으면 모두 입선시켰기에 시험의 의미가 없어진다는 지적을 받기도 했다.

최석정은 "33명의 합격자 중에서도 규장각, 홍문관 등에서 일할 문재들이 부족하여 한두 명을 구하기도 어렵다"고 호소했다.

남구만도 숙종에게 이 문제를 보고하며 "3년마다 33명의 문과 급제자를 뽑지만 외우는 데만 능숙하여 문장의 뜻은 알지 못하고 외딴 지방에서 올라온 급제자의 일부는 한글을 배우고 올라와 서찰도 해독하지 못하는 경우도 있다"고 했다.

최석정은 이러한 문제점을 비판하고 나섰다. 그는 수험생이 100명 이상이면 100명만을 선발하고 그 이하이면 수험생의 절반만 뽑자고 제안했다. 또한 그는 문과 급제자의 수준을 높이기 위해 경전의 문헌을 외우고 통송通誦을 강화하며 단순 암기에 치우치지 말고 문장의 내용을 이해하는가를 살펴 선발해야 한다고 했다.

한편 무과의 경우는 더욱 문란했는데, 원래 초시는 식년 한 해 전에 서울의 훈련원과 각 도의 병마절도사 관할하에 치르고 훈련원에서 70명, 각 도에서 모두 120명을 선발해 그 이듬해 서울의 병조와 훈련원에서 병서와 무예 시험을 보아 28명을 선발하도록 했다. 이것이 무과 복시였다.

하지만 숙종 때는 법은 법이고 실제는 전혀 달랐다. 무과는 훨씬 많은 사람을 선발하는 바람에 만과萬科라고 불렀다. 만 명이나 뽑는다는 이야기까지 나올 정도였다.

무과가 이렇게 문란해진 것은 임진왜란, 병자호란의 영향으로 많은 수의 병력이 필요해서였다. 그러나 전란 후에도 합격자가 줄어들지 않고 남발됨으로써 시험장에도 가지 않았는데 합격자 명단에 오르고 다른 사람이 대신 들어가 시험을 치르거나 부정을 저지르는 사람이 많았다. 게다가 수시로 보는 별과까지 겹치면서 무과 합격자는 부지기수로 늘어났다. 만과라는 말은 이미 조선의 과거 제도가 엉망이 되었음을 나타내는 것이었다.

숙종 2년(1676년)의 정시 병진년 만과에서는 무려 18,251명의 합격자가 나왔다. 이런 시험에서 과연 제대로 된 실력을 갖춘 급제자가 나올 리 만무했다. 그럼에도 2만 명에 가까운 합격자가 모두 서울에 몰려들어 벼슬을 기다렸으니 적체가 심각할 수밖에 없었다. 그들의 원망과 푸념이 하늘을 찔렀다.

2만 명 가까운 합격자들이 서울에 몰려들자 한때 서울 쌀값과 집값이 올랐다는 소문이 나돌았다. 조정에서는 발령 내지 못한 나머지 합격자들을 병졸로 보내기도 했다.

그런데 이보다 더욱 큰 문제는 임진왜란 때와 그 이후 조총이 개인 화기의 주류였는데 무과 시험에서는 조총이 아니라 활쏘기를 과목으로 넣어두었다는 점이다. 수험생들은 조총을 쏘지 않고 활쏘기에만 매달려 조선의 무기 체계와 무술 실력이 전근대로 돌아가 버렸다는 비판을 받았다.

문과와 무과의 질서가 흐트러지면서 경서를 읽을 줄 모르는 자나 활도 제대로 쏘지 못하는 자들까지 응시하는 경우가 늘어나 남구만이 임금의 실정을 거론하기까지 했다.

최석정은 이 문제가 심각하다고 지적했다.

"현재 무신 당상관의 자리는 300개인데, 전직 당하관이 약 1,000명에 가깝고, 무과에 합격해 아직 벼슬길에 들어서지 아니한 사람이 수천 명이나 됩니다."

이어 최석정은 무과의 전면적 개편을 요구하고 별시에는 법규를 엄격히 적용해 재주 없는 이들이 요행을 바라고 시험 보려는 것을 원천적으로 차단하자고 주장했고, 숙종은 이를 좋게 여기고 곧바로 시행토록 했다.

열린 마음을 실천하는
과학자로 살다

조선 후기 대부분의 학자들은 주
자의 이론을 절대 진리로 이해하
고 유학에 대해 다른 해석을 용납하지 않았다. 만일 다른 이론을 제
기하면 그 자체를 이단으로 취급해 아예 논의의 대상으로조차 삼으
려 들지 않는 경직된 사고를 보였다.

이러한 시기에 최석정은 자신의 저서인 『예기유편禮記類編』에서 주
자와는 다른 독창적 견해를 제시해 유림들의 숱한 공격을 받았다. 그
러나 숙종은 강력하게 그를 두둔했으며 『예기유편』을 경연 교재로 사
용했다.

평소 다양한 학문에 관심을 보였던 최석정은 양명학에도 조예가
깊었다. 양명학은 명나라 중기에 왕양명에 의해 시작된 신유학으로
중국에서는 한때 절정의 인기를 누렸으나 조선 사회에서는 주자의
이론과 배치된다고 해 배척된 학문이다. 최석정은 양명학의 거두 정
제두와는 죽마고우였는데 양명학에 관해 그와 무려 30여 통의 서신
을 주고받을 정도로 양명학에 관심을 갖고 있었다. 이는 조부 최명길
의 영향을 받은 것이다.

또한 최석정은 천문과 역법 등에도 관심이 많아 천문학자 최천벽
에게 우리나라 별들의 움직임을 이론적으로 정리하게 했으며, 선기
옥형璿璣玉衡(혼천의, 일종의 천문시계)을 고쳐 만들기도 했다.

한편 『우주도설』 등의 저서에는 서학西學에 대한 최석정의 관심이

반영되어 있다. 수학적 두뇌가 빼어난 그는 숙종 26년(1700년)에 『구수략九數略』이라는 조선 최고의 수학책을 짓기도 했다. 『구수략』은 『주역』의 괘에 나타난 형상과 변화를 응용해 수의 이치를 이해하고자 한 책이다. 이 책은 본편本編을 6절로 나누어 수학적 진리와 원칙을 설명했는데 서술이 매우 상세하고 명확해 이해하기 쉽다. 본편과 부록으로 이루어진 이 책은 조선의 수학책 중 가장 체계화된 것으로 평가받고 있다. 이 책에서 그는 본문에 인용한 36종의 참고문헌을 남겼는데, 이는 조선 수학의 출발점을 연구하는 데 적잖은 도움을 주기도 한다.

또한 최석정은 『구수략』에서 3차부터 10차까지의 마방진을 서술했는데, 특히 그가 고안해낸 9차 마방진은 빼어난 수학적 수준을 보여준다.

마방진이란 영어의 'magic square'를 번역한 말로 자연수를 정사각형 모양으로 나열해 가로, 세로, 대각선으로 배열된 각각의 수의 합이 전부 같게 만든 것이다.

마방진은 단순한 수학퍼즐이 아니라 수학을 통한 철학과 신앙의 고백이며 나아가 신비주의 수학으로 점성술, 천문학에까지 이어지는 수의 조합이다.

원래 기원전 5000년경 중국의 하나라 우왕이 계속되는 황하의 범람을 막기 위해 제방 공사를 시작할 때, 거북의 등에서 마방진을 찾아낸 것이 시초라는 설이 있다. 이후 마방진은 신비한 전설처럼 인도, 페르시아, 아라비아의 상인들에 의해 유럽은 물론, 서아시아, 남아시아로 전해졌다. 이러한 마방진이 조선의 정승 최석정에 의해 우리나라에서 발견되었다는 사실은 놀라운 일이다.

특히 최석정의 9차 마방진은 직교 라틴방진이라는 매우 명쾌한 이론 아래 이

50	18	55	70	5	48	3	76	44
66	31	26	29	81	13	52	11	60
7	74	42	24	37	62	68	36	19
54	67	2	65	25	33	28	23	72
59	21	43	9	41	73	15	61	47
10	35	78	49	57	17	80	39	4
79	6	38	20	69	34	32	64	27
30	71	22	45	1	77	16	51	56
14	46	63	58	53	12	75	8	40

• 최석정의 9차 마방진 성리학만 앞세운 조선 사대부 가운데 수학을 사랑하고 연구한 최석정이 있었다는 사실은 조선 역사의 기적이라고 할 만하다.

루어진 것이다. 직교 라틴방진은 종횡으로 숫자가 겹치지 않게 배열하고 이러한 배열 두 쌍을 결합했을 때에도 겹치는 숫자쌍이 없는 방진이다. 9행 9열의 대각선 합이 369로 같게 만들어져 있고 이를 이루는 아홉 개의 숫자로 이루어진 아홉 개의 작은 셀cell이 다시 마방진을 이루는 특이한 구조로 되어 있다.

『과학동아』 2008년 8월호에 소개된 바에 따르면 최석정의 9차 마방진은 스위스의 수학자인 오일러의 직교 마방진보다 무려 67년이나 앞선 것이다.

최석정은 왜 수학에 집중하고 몰두한 것일까? 그는 수학과 주역을 결합해 세상을 보는 잣대로 삼은 것으로 보인다. 그는 유학자였지만 "수야말로 진리에 이르는 길이며, 세상의 수학적 질서를 보면 리理를

더 잘 이해할 수 있다"고 믿었던 것이다.

인군건극지도를
근본으로 삼은 조선의 큰 참모 | 최석정은 나라를 다스리는 근본
이념으로 인군건극지도人君建極
之道를 강조했다. 이는 임금과 신하가 나라의 표준을 세워 마땅히 탕
평을 실시하고 중용을 얻어 지나치거나 모자라지 않게 법을 시행함
으로써 나라를 온전하게 지켜가자는 것이다.

최석정이 바라본 탕평은 당론에 따라 끌려가지 않고 당을 초월한
위민정책을 펼치는 것이었으며, 군신 상하 간에 명분과 신의를 잃지
않고, 사람을 쓸 때는 인품과 능력 위주로 가려 쓰는 것이었다. 그는
군신 상하 간에 명분과 신의를 잃지 않기 위해서는 충신의 올바른 직
언이 있어야 하며 그것이 곧 상하를 소통하는 중요한 방법이라고 믿
었다.

최석정은 초년 시절 주화론자인 할아버지의 선택 때문에 명분론자
들의 숱한 비난과 모욕을 받으며 살아야 했다. 그는 이런 모진 마음
고생을 잘 털어내고 한평생을 올곧은 공직자로서 탕평과 균등한 인
재 선발, 기아에 허덕이는 백성을 위한 진휼 정책의 실시, 조정의 혁
신과 규제의 완화를 위해 몸을 아끼지 않았다.

최석정은 1715년(숙종 41년) 겨울, 경기도 가평군 설악면 미사리 근

처에서 70세를 일기로 세상을 떠났다. 숙종에게 최석정은 군주권의 실현을 위한 동반자이자 왕권 강화를 위해서는 넘어서야 할 적이기도 했다. 하지만 숙종은 최석정의 인품과 매력에 빠져 늘 그를 사모했고 그와 대화하는 것을 즐겼다.

『숙종실록』 41년 11월 11일조에는 최석정의 부음 소식을 들은 숙종이 "지극한 슬픔으로 눈물이 흘러 옷깃을 적시었다" 하며 탄식했다고 기록되어 있다. 최석정은 당리당략에서 벗어나, 고통받는 백성들을 위해 지도층의 리더가 어떤 삶을 살아야 하는지를 보여준 표준으로 기억되고 있다.

【6】

환재 瓛齋 **박규수** 朴珪壽

쇄국을 버리고
개화에 손들다

시대의 흐름을 읽어낸 변화수용의 리더십

박
규
수

'시대의 풍운아', 박규수(1807~1877년)를 가리키는 말로 이보다 더 적합한 표현은 없을 것이다. 19세기 조선을 보려면 박규수의 일생을 보면 된다고 할 정도로 그는 조선 말기 변혁의 과도기와 같은 길을 걸었다.

박규수는 순조 시절 왕세자인 효명세자와 각별한 관계를 맺고 조선의 개혁과 새로운 질서를 구축하려는 꿈으로 들떠 있었다. 그러나 효명세자가 급서하면서 그의 꿈과 희망은 모두 사라져버렸다. 충격이 얼마나 컸던지 그는 40세가 넘을 때까지 거의 20년간 관직에 나오지 않았다.

철저하게 자신을 부정하고 시대의 흐름을 지켜보던 박규수는 후일 효명세자의 부인인 조대비의 지원 아래 과거에 응시하고 다시 공직의 길로 들어선다. 그 후부터 박규수는 대동강에서 미국 상선 제너럴셔먼호를 격침시키는 등 조선 말 주요 사건이 전개되는 격동의 현장에 서 있었다.

박규수는 보수적으로 쇄국을 지지했으나 제너럴셔먼호 사건 이후 개국과 개화를 지지하고 조선의 변혁을 촉구하는 진보적 입장으로 돌변했다. 그는 왜 쇄국을 버리고 개화에 손을 들어준 것일까? 그가 조선 말기 개화에 미친 영향은 과연 어떤 것일까?

효명세자의 급서로
모든 꿈을 접고 방황하다

1807년 9월 27일 서울 북부 가회
방에서 태어난 박규수는 어린 시
절 가난을 벗 삼아 살아가야 했다. 그의 조부인 북학파의 거장 연암燕
巖 박지원朴趾源은 자신의 천재성을 제대로 피워 보지도 못하고 세상
을 떠났고, 아버지 박종채朴宗采는 관에 출사하지 않고 음직인 경산 현
령에만 머무른 데다 학문에만 매달렸으니 가세가 기울 수밖에 없었다.

'난 이대로는 살지 않을 거다. 아버지나 할아버지처럼 운명에 순응
하며 주저앉아 있는 것보다는 차라리 죽는 것이 낫다. 나는 절대로
포기하지 않고 내 운명은 스스로 개척해나갈 것이야.'

어릴 적부터 가난하게 살다 보니 박규수는 입신양명을 목표로 한
학문 공부와 사람 사귀는 일을 누구보다 열심히 했다.

박규수는 7세 때 이미 『논어』를 읽고 한시를 지었으며, 독학한 학문의 깊이도 상당한 수준에 이르렀다. 14~15세 즈음 박규수는 당대 최고의 문사라고 평가받은 조종영趙鍾永의 눈에 띄면서 문재의 가치를 인정받아 서로 친교를 맺었다. 사람들은 이를 가리켜 망년지교忘年之交라 했다. 망년지교, 곧 나이 차이를 잊고 서로 허물없이 지내는 사이를 뜻한다. 박규수가 조종영보다 서른여섯 살이나 어렸기에 이 두 사람의 친교는 조선 말 사대부들은 물론 수많은 백성들을 놀라게 했다. 후일 이조판서와 우참찬까지 역임한 조종영은 세도정치가 조만영과 재종간(육촌형제)이었으니 몰락한 집안의 가난하고 불운한 천재 옆에 든든한 후원자가 생긴 셈이었다.

인맥이 튼튼해지면서 청년 박규수는 점차 주목을 받았고 학문적 성가도 높아졌다. 그러던 어느 날 더욱 놀라운 사건이 일어났다. 박규수의 소문을 들은 효명세자(1809~1830년)가 그를 불러 친구를 맺었던 것이다.

효명세자는 박규수보다 두 살 아래로 아버지인 순조와는 달리 강력한 왕권의 회복과 세도정치의 축출을 시도했다. 그는 조선 말기 왕세자들 가운데서 유래를 찾기 어려운 기대주였다. 세도정치가들은 효명세자를 싫어했지만 그는 이미 1827년부터 순조 대신 대리청정을 시작해 정조의 위민정치 방식을 계승하겠다고 천명했을 정도로 의욕적이며 담대한 면모를 보여주었다. 또한 그는 정책적으로는 청의淸議를 표방하고 정치적 탕평과 엄격한 관료정치를 펼쳤고, 대리청정 말

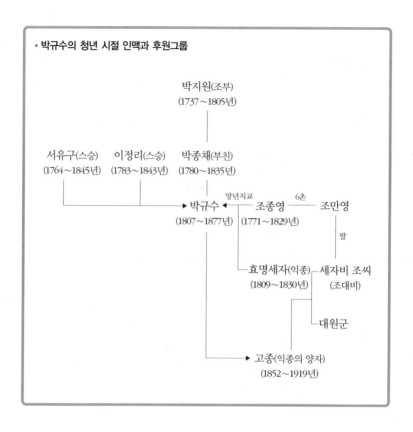

• 박규수의 청년 시절 인맥과 후원그룹

박지원(조부)
(1737~1805년)

서유구(스승)   이정리(스승)   박종채(부친)
(1764~1845년)   (1783~1843년)   (1780~1835년)

박규수 ◄─── 망년지교 ─── 조종영 ─── 6촌 ─── 조만영
(1807~1877년)   (1771~1829년)

딸

효명세자(익종) ─── 세자비 조씨
(1809~1830년)   (조대비)

대원군

고종(익종의 양자)
(1852~1919년)

기에는 백성을 위한 정치를 하며 민심을 수습하는 등 뛰어난 정치력
을 보였다.

대리청정 기간 동안 효명세자는 궁중 연회와 춤을 다루는 고도의
무용정치를 펼쳤는데, 이는 안동 김씨세력을 효율적으로 무력화시키
는 동시에 강력한 왕권을 확립하는 장치로 활용되었다고 평가받기도
한다.

효명세자와 혼인한 세자빈 조씨는 후일 조대비가 되는 인물로, 박규수가 망년지교를 맺은 조종영과 재종간인 조만영의 딸이었다. 박규수는 이들의 후원을 입고 효명세자와 연결될 수 있었다.

효명세자는 경복궁에 출입하는 길에 늘 근처에 있던 박규수의 집을 찾아 밤늦도록 정사를 의논하며 세상의 변화와 정치 개혁에 대해 이야기를 나누었다. 이때 박규수와 효명세자는 조선 사회의 문제점을 거론하며 새로운 세상을 만들자고 의기투합하며 조선의 미래를 꿈꾸었을 것이다.

박규수와 효명세자의 이러한 관계는 효명세자가 세상을 떠났을 때까지 계속되었다고 하니 두 사람은 보통 절친한 사이가 아니었음이 분명하다.

박규수는 효명세자의 명을 받아 21세 때 『연암집』을 정리하고 예禮에 대한 깊은 연구를 통해 예학 연구자로도 이름을 날렸으며, 효명세자의 신뢰를 바탕으로 세자 앞에서 『주역』을 강의하는 데까지 이르렀으니 그의 출세는 떼어 놓은 당상이었다.

그러나 박규수에게 불행한 일이 일어났다. 효명세자가 1830년 5월 6일에 급서하고 말았다. 효명세자는 그해 4월 10일이 지나면서 대단치 않은 병이 들었는데 얼마 지나지 않아 갑자기 각혈을 하며 위중해져서 증세가 여러 번 바뀌어 처방과 약을 제대로 내기도 어려웠다. 효명세자는 병을 앓은 지 한 달도 채 못 되어 숨을 거두었다. 평소 식사를 거를 정도로 대리청정 업무에 매진하며 나라를 바로 세우려는 일념으로 살았던 효명세자는 겨우 22세의 아까운 나이에 세상을 떠났다.

박규수가 받은 충격은 말로 표현하기 힘들었다. 그는 하늘이 무너져 내리는 것 같은 심정으로 출사에 대한 욕심을 모두 버리고 칩거에 들어갔다. 그는 학문에만 매달리며 조부 박지원의 인생길을 따랐다.

'결국 운명을 벗어나긴 어려운 것일까? 나도 할아버지처럼 시대를 잘못 만난 불운의 천재로 인생을 끝내고 말 것인가?'

'고생은 더 큰 고생을 업고 들어온다'는 말처럼 박규수의 고생은 쉼 없이 계속되었다. 27세 때 그는 모친을 여의었고, 이듬해에는 부친 박종채와 동생까지 잃었다. 큰 충격을 받고 의지할 곳도 없는 상황에서 그가 할 수 있는 일이라고는 학문에 정진하는 것밖에 없었다.

박규수의 칩거는 거의 20년간 계속되었으나 이 기간이 마냥 헛된 것만은 아니었다. 학문적으로 박규수의 이름이 조선 사회에 알려지면서 그는 대외적인 주목을 받는 학자로 부상했던 것이다.

엄격한 잣대로 목민관의 자세를 보이다

박규수는 42세 때 다시 관료의 삶을 시작한다. 20여 년간 학문만 파고들던 그는 마음을 바꾸었고, 과거를 보아 헌종 14년(1848년) 증광시增廣試에 급제했다. 불혹의 나이를 넘긴 박규수가 출사한 이유는 시대가 바뀌어 자신이 세상에 도움이 될 것이라고 믿었기 때문이다.

서구 열강의 이양선들이 조선 연안에 출몰해 국기를 위협하는 데다 서학과 천주교의 대두로 헌종 12년(1846년)에는 김대건金大建이 순교하는 등 조정 안팎이 뒤숭숭하던 때라 그로서는 조국을 위해 할 일이 있다고 여겼을 법하다.

박규수를 적극 지원해준 후원자도 있었다. 조만영, 조종영 형제는 죽었지만 신정왕후 조대비(효명세자의 비)가 있었던 것이다. 그녀의 보이지 않는 후원이 박규수가 과거에 응시한 것부터 급제에까지 영향을 미친 것으로 알려져 있다. 이러한 조대비의 후원은 고종의 두터운 신임으로 이어지기도 했다.

후일 고종이 등극하자(1864년) 조대비는 수렴청정에 나섰는데, 그녀는 다음과 같은 전교를 내렸다.

"이 사람이 지난 시절 보살핌을 받았다는 것은 내가 잘 아는 바이다. 오늘날 내 뜻을 보이지 않을 수 없으니 부호군副護軍 박규수에게 특별히 한 등급을 가자加資(품계를 올리는 것)하도록 하라."

이때 박규수는 도승지로 승격되었다. 효명세자와의 관계를 너무도 소중하게 생각한 조대비의 배려로 그의 출셋길이 열리기 시작했던 것이다.

박규수는 이미 1860년 열하에 가는 연경사절단 부사로 청나라를 다녀오며 안목을 키웠고, 1862년 2월 진주민란의 사태 수습을 위한 안핵사按覈使에 임명되어 민란의 진상을 조사하고 보고했다. 이 과정을 통해 그는 조선의 현실을 직시할 수 있었다.

안핵사는 철종과 고종 때 빈번한 민란의 원인을 조사하고 민심을 수습하기 위해 파견하던 임시 벼슬이었다. 암행어사처럼 기밀하게 정탐하는 것이 아니라 해결사 같은 직책이라 관료들은 그 자리를 꺼려했다. 잘해야 본전인 위험천만한 직책이었다.

일찍이 박규수는 1854년 암행어사로 경상도에 나가 직분을 훌륭하게 수행했기에 철종은 8년 후 다시 그를 경상도 안핵사로 파견해 진주민란의 원인을 파악하고 수습 대책을 강구하도록 한 것이다.

이에 박규수는 진주민란이 전 우병사 백낙신의 탐욕 때문에 발생했다고 치계하며 백낙신이 6만 냥이나 되는 거금을 마음대로 집집마다 배정하고 거둬들이려다 일어난 사건임을 밝혀냈다.

이에 지방 목민관들은 박규수를 비판하고 욕설을 퍼부었으나 그는 그들의 잘못을 가려주거나 숨기려 하지 않고 오히려 진주민란의 근본 원인을 철종에게 보고했다.

"난민들이 스스로 죄에 빠진 것은 반드시 이유가 있을 것입니다. 그것은 곧 삼정三政이 모두 문란해졌기 때문인데, 환향還餉(환곡과 향곡)이 제일 큰일입니다."

삼정이란 전정·군정·환곡인데, 전정은 농민들이 경작하는 토지의 세금이고, 군정은 병역의 의무이며, 환곡은 먹을 것이 부족한 춘궁기에 관청에서 백성들에게 쌀을 꾸어주고 수확기인 가을에 돌려받는 일종의 빈민 구제책이었다. 그러나 조선 후기 관리들은 가난한 백성들에게 쌀을 빌려주면서 고리의 이자를 붙여 받으며 자신들의 배만 불리려 했기에 문제가 되었던 것이다.

민란의 원인이 삼정의 문란에 있음을 밝힌 박규수는 이를 고치지 않으면 백성들의 삶은 물론 나라의 재정도 올바르게 확립할 수 없다고 생각했다.

박규수는 문제의 근본 원인을 꿰뚫고 있었다. 그는 백성들의 먹고 사는 문제를 해결해주지 않으면 민란이 그치지 않을 것이라고 여겼다.

미국 상선 제너럴셔먼호를 격침시키다

고종은 1866년 2월 4일 박규수를 평안도 관찰사에 임명했다. 그런데 그가 임지로 부임한 지 5개월 뒤인 1866년 7월 11일, 중국 천진에 머물고 있던 미국 상선 제너럴셔먼호가 대동강을 무단 침입하는 사건이 발생했다. 이 사건은 조선의 미래는 물론 국내 정치 개혁에 몰두하던 박규수의 삶을 크게 바꾸어놓았다.

프레스턴과 윌슨, 덴마크인 선장 페이지 등이 기독교 선교사 토머스를 통역으로 삼아 제너럴셔먼호를 타고 대동강을 거슬러 올라와 평양 경내에 들어온 것이다. 이 배는 비단, 유리그릇, 천리경, 자명종 등의 상품을 적재한 80톤급 상선이었으나 열강의 선박들은 무장하고 다니는 것이 상례였기에 대포 2문이 실려 있었다.

7월 22일, 평안도 관찰사 박규수는 고종에게 장계를 올렸다. 제너 럴셔먼호와의 첫 접촉 보고였다.

"방금 평양 서윤庶尹 신태정申泰鼎이 이달 19일 술시戌時(오후 7~오후 9시)에 보고한 것을 보니, '큰 이양선 한 척이 한사정閒似亭 상류로 거슬러 올라갔으며, 어제 유시酉時(오후 5시~오후 7시)쯤에 그들 6명이 작은 푸른색 배를 타고 점점 위로 거슬러 올라갔기 때문에 순영 중군 中軍이 그들을 감시하기 위하여 작은 배를 타고 그 뒤를 따라갔는데, 저들이 갑자기 중군이 타고 있던 배를 끌어가 그들의 배에 중군을 억류하였습니다. 그리하여 서윤이 그들의 배 옆으로 가서 밤새도록 설득하였지만, 끝내 돌려보내주지 않았습니다."

서윤은 평양시 내무국장 정도 되는 직책으로 중군 이현익李玄益이 볼모로 붙잡힌 사건이라, 박규수는 이 소식을 듣자마자 고종에게 장계를 올려 사태의 급박함을 보고했던 것이다.

또한 박규수는 성안의 백성들이 대동강 변에 모여들어 우리 중군을 돌려보내 달라고 소리 높여 외치고 돌을 던지며 장교와 나졸들이 활을 쏘아대기도 하고 총을 쏘아대기도 하며 여러모로 위세를 보이자 그들이 도망쳐 돌아갔으며 이양선은 이에 양각도羊角島 아래쪽으로 물러가서 정박했다고 보고했다. 이 보고는 퇴역 장교 박춘권이 이양선을 급습, 중군을 데리고 나왔으며 그 와중에 작은 충돌이 있었다면서 박춘권에 대한 포상을 요청하는 것으로 끝을 맺었다.

당시의 상황을 좀 더 자세히 살펴보면 다음과 같다.

먼저 제너럴셔먼호가 대동강에 정박하자 관찰사 박규수가 사람을 보내 평양에 온 목적을 물었다.

기독교 선교사 토머스는 백인들의 국적을 소개하고 자신들은 상거래를 위해 온 것이라며 교역을 제안했다.

쇄국 정책을 국시로 하는 조선의 관료로서 이양선의 내항과 통상 요구는 거절할 수밖에 없는 이적 행위였기에 박규수는 이를 거절하고 즉시 출국하라고 요구했다.

그러나 제너럴셔먼호는 만경대 한사정에까지 올라와 그들을 제지하던 중군 이현익을 붙잡아 감금했고, 이에 평양성의 관민들이 격분해 대치가 격화되었다. 제너럴셔먼호는 총과 대포를 쏘았고 강변의 군민은 돌팔매, 활, 소총으로 맞서 싸우던 중에 퇴역 장교 박춘권이 배를 타고 가서 중군 이현익을 구출해냈다.

싸움이 여기서 끝나고 제너럴셔먼호가 물러갔으면 그만이었지만 대동강의 수위가 낮아져 제너럴셔먼호가 모래톱에 걸려 멈추어서면서 사건이 확대되었다. 화가 난 관민들이 이양선 주위로 몰려들었고 긴장한 제너럴셔먼호의 선원들이 총과 대포를 쏘며 저항하는 바람에 평양성 주민 일곱 명이 죽고, 다섯 명이 부상당하는 불상사가 일어났던 것이다.

조선의 백성들이 죽고 다치자 박규수는 화선을 이용한 화공火攻을 가함으로써 제너럴셔먼호를 불태웠다. 그 결과 제너럴셔먼호 선원들은 익사하거나 불타 죽었으며, 토머스 목사와 중국인 조능봉이 주민들에게 타살되는 등 23명 전원이 죽었다. 이 사건의 진상은 훗날 밝혀져 신미양요辛未洋擾의 원인이 되었다.

그런데 이 사건에서 주목할 것은 박규수의 언행이다. 개화론자로 알려진 그가 왜 이양선을 불태우는 과감한 쇄국책을 실행한 것일까? 사실 제너럴셔먼호 사건이 벌어졌을 때 박규수는 쇄국론자도 아니고 개화론자도 아닌 어정쩡한 상태였다.

당시 조선에는 서구 열강들의 이양선이 해안 곳곳에 출몰하며 조선의 상황을 정탐하고 다니던 때라 적의 침략이 있을 것이라는 흉흉한 소문이 나돌았다. 박규수는 시국 상황을 안타깝게 바라보며 쇄국이 옳은 길인지, 개항하고 나라의 문호를 여는 것이 옳은 길인지를 놓고 심각하게 고민하고 있었다.

흥선대원군은 쇄국론자였지만 박규수는 1860년대 중반 이후부터 생각을 조금씩 달리했고, 빗장을 건다고 해서 밀려오는 서양세력과 문물을 모두 막을 수 없다고 판단했다.

그런데 덜컥 밀고 들어온 제너럴셔먼호 사건으로 자국민이 다치고 죽자 관찰사 직분의 박규수로서는 수구적 대응으로 나아갈 수밖에 없었다. 선택의 여지가 없었던 것이다.

박규수는 후일 이 사건의 진상 규명을 요청해온 미국 쪽에 다음과 같이 응대했다.

"본국의 법과 제도는 이국異國 상선이 표착하면 배가 온전한 경우 먹을거리를 제공하고 일용품까지 주며 바람이 잦아질 때까지 기다려 돌아가게 한다. 배가 온전하지 못하면 선원들을 관리들이 데리고 나와 육지로 호송하고 북경에 도착하게 한다. 전후에 이렇게 한 것이 한두 번이 아니다."

미국의 불법적인 침략 때문에 사건이 발생했다고 분명하게 밝힌 것이다.

제너럴셔먼호 사건 이후 1866년 9월에는 프랑스 함대가 강화도를 침탈했고(병인양요), 1871년에는 미국 함대가 강화도를 침공했다(신미양요). 이로써 한반도를 향한 서구 열강의 침탈이 본격적으로 시작되었다.

박규수는 이러한 조석지변의 환란 속에서 국가와 백성을 구해낼 수 있는 방안을 찾기 위해 고민했다.

'어떻게 하면 백성이 다치지 않고, 국익을 손상하지 않은 채 파도처럼 몰려오는 서구세력을 맞아들일 수 있을까.'

흥선대원군처럼 쇄국으로 일관하다가는 파국에 이를지도 모른다는 불안감이 그를 엄습했고, 개화로 나아가려고 해도 서구를 너무도 모른다는 것이 그와 조선이 처한 현실이었다.

이때부터 박규수는 서구에 대한 관심과 열정을 갖기 시작했다.

서양선의 재현을 꿈꾸다

박규수는 우선 격침된 제너럴셔먼호를 낱낱이 분해해서 우리의 것으로 만들어보려고 했다. 그는 부하들에게 제너럴셔먼호의 잔해를 건져 올리도록 했다. 배의 주요 구조를 이루는 철골과 동력원이 되는 각종 기계, 철물은 물론 조타실의 운항장치들, 갑판의 중요 설비들, 기계실의 증기선 장치, 앞뒤 상판의 무기도 낱낱이 수색해 평양 감영 무기고에 넣었다.

건져 올린 무기는 대포 2문, 소포 2문, 대포 탄환 3개, 철정 2개, 대소 철연환줄 162파, 서양철 1,300근, 장철 1,250근, 잡철 2,145근 등이었다. 이 무기만 보아도 서구 문명의 발전은 엄청난 것이었다.

박규수는 제너럴셔먼호에서 건져 올린 무기와 기계를 한강을 통해 도성으로 올려 보내 증기선 제작에 참고하도록 했다.

흥선대원군은 이를 기초로 김기두 등의 기술자들에게 군함을 제작하게 했다. 그들은 증기선의 원리를 본떠 철선을 제조하는 것을 일차 목표로 삼았으나, 곧 석탄 원료의 증기선이 아니라 목탄 원료의 증기선으로 방향을 바꾸었다.

기술자들이 참고한 것은 박규수가 보낸 제너럴셔먼호의 부속 잔해와 『해국도지海國圖志』의 「모조 전선의戰船議」, 「화륜선 도설火輪船圖說」 등이었다. 『해국도지』에는 제임스 와트의 증기기관 도해와 증기선 제조방법이 수록되어 있었으나 조선의 목선 제조기술로는 접근 자체가 힘들었다. 결국 증기선 제작은 실패로 돌아가고 말았다.

박규수는 조선의 과학기술 수준의 한계를 절감하고는 서양을 이기기 위해서는 그들과 교류해야 한다는 것을 깊이 인식했다.

개화로의 변화를
적극 수용하다

앞에서도 살펴보았지만 1860년대 이전과 이후, 박규수의 대외관은 완전하게 달라져 있었다. 그것은 그에게 서구 열강에 대한 막연한 불안감에서 구체적이고 실리적인 측면을 살필 수 있는 계기가 주어졌기 때문이다. 많은 관료들이 이를 알면서도 자신의 안녕과 그동안 해온 언사를 뒤바꾸기 싫어 수구적 언행으로 조정 여론을 몰고 가고 있었지만 박규수는 자신의 잘못을 깨달을 수 있는 기회가 오자 변화를 적극적으로 포용하고 이를 인정했던 것이다.

박규수에게 개화의 필요성을 처음 느끼게 해준 놀라운 경험은 1860년 만 5개월간에 걸쳐 연행사절단의 부사로 중국에 다녀오는 길에 일어났다.

당시 청나라도 열강의 위협 아래 있기는 마찬가지였다. 청나라는 1856년 애로호 사건이 발단이 되어 영국과 프랑스의 공격을 받았고 청나라 함풍제咸豊帝는 열하熱河로 피란을 떠났다. 이 소식을 들은 조선 정부는 청나라 사정도 알 겸, 서구 열강의 위협이 어느 정도인지 파악하기 위해 문안사를 파견했는데 이때 박규수가 부사로 연행길을 떠난 것이다. 1860년 1월 18일 조선을 떠난 연행사절단은 그해 6월 19일이 되어서야 귀국했다. 5개월에 걸친 이 연행은 박규수에게 남다른 감회를 불러일으켰다.

박규수의 조부 박지원이 열하로 떠나는 사신단에 동참한 것이 1780년 5월 25일로, 80년 만에 다시 그 손자가 같은 길을 떠나 할아버지의 여정을 되짚은 것이었으니 당연히 뜨거운 감동과 기대감이 넘쳤을 것이다.

열하를 방문하는 동안 박규수는 중국과 국제 정세의 추세를 살펴볼 수 있었고, 연행을 통해 만난 80여 명의 중국 문인들과 교류하면서 학문과 지식의 폭을 크게 넓히는 계기를 만들었다.

이때 박규수는 중국의 사정을 살핀 후 개화의 필요성을 다시 한번 느끼게 되었다. 조선이 가장 믿고 의지하는 청나라가 서구 열강 앞에서 맥도 못 추고 자존심을 구기는 모습을 보며 도대체 서구의 나라들은 어느 정도의 힘을 가졌기에 중국이 저토록 절절 매는가 하는 의구심과 호기심을 갖게 되었던 것이다.

박규수는 이 연행길에서 서구 열강에 대한 압력의 정황과 서구 문명의 발달을 어느 정도 인지하고 돌아왔다.

1872년 박규수는 대제학 재임 중 진하사의 정사正使로서 서장관 강문형姜文馨 등을 데리고 청나라에 다녀오라는 임무를 맡았다. 두 번째 연경사행을 통해 그는 서양의 제국주의 공략에 대응하는 청나라의 양무운동洋務運動을 목격하고 개화에 대한 자신의 생각을 더욱 확실하게 정리했다. 수구는 더 이상 어렵고 개화만이 살 길이라고 마음을 굳혔던 것이다.

고종은 1872년 12월 26일 박규수를 불러 청나라 사정을 물었다. 이 자리에서 박규수는 서양 문물의 도입을 적극적으로 주장했다.

> 과거에 중국은 강남江南 지방에서 전쟁을 할 때 서양의 대포를 많이 사서 사용했기 때문에, 서양인들은 대포를 제조해 큰 이득을 보았습니다. 그러나 최근에는 중국이 서양의 대포를 모방해 제조하고 있기 때문에 이익을 잃게 되었습니다. 또 예전에는 중국 상인들이 화륜선을 세내어 사용했기 때문에 서양인들이 큰 이득을 누렸습니다. 그러나 지금은 중국이 또한 화륜선을 모방해 제조하기 때문에 서양인은 이익을 잃게 되었습니다. 그리고 예전에 서양인들은 아편으로 큰 이득을 얻었는데, 지금은 중국도 아편을 제조하기 때문에 서양인들이 이익을 잃었다고 합니다.
>
> ─『일성록』 고종 9년 12월 26일

조선도 청나라처럼 문호를 열고 서양의 기술과 문물을 받아들이자는 주장이었다. 박규수는 이제 확실한 개화론자가 되어 있었다.

그러나 조정은 박규수의 이야기를 받아들이려 하지 않았고 논란만 계속했다. 그는 이 모든 것이 시대의 변화를 따라가지 못하는 조선 지도층의 문약함 때문임을 깨달았지만 그들을 깨우칠 수 없는 자신의 현실 때문에 절망할 수밖에 없었다.

그런데 그런 박규수에게 힘을 실어주는 계기가 생겼는데, 1873년 12월 2일 고종이 박규수를 우의정에 임명했던 것이다. 그는 사흘 뒤 사임 상소를 올렸다.

"큰 수레에 실어야 많은 짐을 실어도 넘어지지 않는 법입니다. 저는 이 중직을 감당키 어렵습니다."

하지만 고종은 박규수가 큰 수레이니 사직 상소를 받아들일 수 없다고 하며 그에게 다시 우의정을 맡으라고 강권했다.

박규수는 연이어 상소를 올려 사임을 청했으나 고종은 윤허하지 않았다.

계속해서 사양하던 박규수는 12월 10일 마음을 돌려 조정에 나왔고, 고종은 대단히 기뻐했다. 마침 궁궐에 큰 불이 일어나 박규수는 더 이상 자신만을 생각하며 벼슬을 사양할 수 없었던 데다 개화와 관련해 조정 안에서 장기적으로 자신이 할 일이 분명히 있다고 판단했던 것이다.

개화도 위민이다

박규수는 개화 문제를 위민 중심 사상에서 바라보았다. 그는 조선이 주체적으로 국제 정세에 대처해나가면서 스스로의 힘으로 부국강병과 부국안민을 이루어야 한다고 여겼다. 그렇게 되면 백성들은 저절로 잘살게 될 것이기 때문이었다. 이러한 박규수의 생각은 '외세에 의존하지 않은 자주 자립의 근대화와 부국강병론'으로 정리할 수 있다.

박규수의 후배이자 개화파인 김윤식이 전하는 박규수의 개화에 대한 생각은 다음과 같다.

"왜 개화하는가? 세계의 흐름에 뒤떨어져 고립되지 않기 위해서이다. 서양의 문물이 발전한 것을 우리가 보고 배우지 않으면 결국 우리만 뒤처져 외세의 침입을 불러올 수밖에 없다. 미국은 지구상의 여러 나라 중에서 가장 부유하고 영토를 확장하려는 욕심도 없다. 우리가 먼저 수교 맺기를 청해 굳은 맹약을 맺는다면 고립의 우환을 모면할 수 있다. 세계 각국과 통상하는 전략이 서구 열강이 부강함을 누릴 수 있는 근본적인 힘이다. 그러므로 그들이 조선을 침탈하는 것도 통상의 이익을 극대화하려는 데 목적이 있으므로 우리가 제대로 대처만한다면 개화는 오히려 커다란 경제적 이익을 가져다줄 수 있다."

관찰사로서 제너럴셔먼호의 위력을 본 적이 있는 박규수는 조선에서도 하루빨리 기선을 제조해낼 수 있는 기술력을 확보해야 한다고 보았다. 그러자면 미국과의 통상은 불가피했다. 그는 이러한 자신의 생각을 후배들에게 알리고 사대부들과 교류할 때마다 그 이야기를 전했다.

이 시절 박규수는 이미 시대를 앞서가는 선각자의 모습을 보였다. 보수적이고 중화 중심적인 사고에서 벗어나 자유주의 시장 경제로의 변화를 적극 수용해 새로운 세계를 건설해보자는 의욕이 넘쳐흘렀던 것이다. 또한 그는 사람과 직업에 대해서도 남다른 평등의식을 갖추고 있었다.

일찍이 조부 박지원이 『열하일기』에서 조선 사대부들의 뿌리박힌 편견을 조롱하고 명분과 신분적 욕심에 끌려 백성들의 위기를 보지 못하는 조선 사회의 지도부를 신랄하게 비판한 바 있었으니 박규

• 박규수 초상 시대의 흐름을 읽고 변화하는 국제 정세에 적응하려고 노력한 박규수. 그에게서부터 조선의 개화가 시작되었다.

수 역시 일찍부터 조부의 강한 영향력 아래 평등사상에 대해 깊이 생각했을 것이다. 게다가 청나라를 두 번 방문하고 돌아오면서 서구 사상의 흐름을 파악한 것도 한몫했다.

박규수는 백성이 잘살면 나라가 강해진다고 믿었다. 그의 사상을 한마디로 표현하면 위민주의 경제사상이다. 백성, 곧 지배계급인 양반에 국한된 것이 아니라 사농공상士農工商에 종사하는 모든 국민이 잘살아야 한다는 평등사상이었다.

사람과 직업은 평등하다

> 박규수는 이른바 인간의 평등한
> 그릇론을 제시했다.

사농공상이라고 사람을 구별하지만 실제로 사士가 농업에 임해 부지런히 땅의 재화를 키워 부자가 되는 것이 가장 중요한데 이렇게 되면 당연히 농민이 아닌가. 그리고 사士가 여러 가지 재료로 다듬고 만들어 백성들의 필요에 따라 기물을 개발하면 공장工匠이 아닌가. 사士가 물건의 유무를 가려 교역하고 사방의 진귀한 물건을 소통시켜 잘 먹고 잘 살아간다면 이는 상인이 아닌가. 몸은, 곧 그릇은 사士지만, 직업은 하는 일에 따라 농민과 공장과 상인으로 나뉘는 것이다.

– 박규수, 『환재집』 '잡문雜文'

박규수는 직업과 사람을 차별하는 것을 못마땅해했다. 그의 이런 사고는 조선 사대부의 기본 생각과 배치되었으나 후배 실학자들에게는 환영을 받았다. 또한 그는 당대 관료들과는 달리 자유시장주의 입장을 견지하고 있었다.

민간의 재화의 통로가 막히지 않아야 관청에서 쓸 비용도 점차 열리는 법입니다. 재화의 통로가 열리고 유통이 되려면 시장을 그대로 내버려 두는 것이 좋습니다. 만약 그렇게 하지 않고서 물화의 출입을 구속하거나 값의 높고 낮음을 인위적으로 조종하면 백성들이 이해관계를 따져서 점차 의구심을 품어 교역이 순조롭지 못할 것입니다. 신의 생각에는 나라의 오부五部를 단단히 타이르고 경계하여 혹시라도 교역하는 즈음에 물가를 규찰하거나 조정하지 말게 하고, 형조와 포도청에서 저자의 매매를 간섭하는 데 있어 다시는 월권하는 일이 없도록 경계하심이 어떻겠습니까?

- 『고종실록』 11년 1월 13일조

박규수는 국가가 전매하는 염전 문제도 잘못되었다고 비판했다. 개인 상인들이 관청의 염전에서 소금을 사면 불법을 저질렀다고 하며 잡아갔다가 뇌물을 먹고 나서야 풀어주니 이중삼중의 고통을 겪고 있다고 지적하며, 상업 활동을 막고 재화가 흐르는 것을 못 하게 하는 이런 잘못된 일은 마땅히 고쳐야 한다고 주장했다.

사실 산골에서는 소금을 구하기가 하늘의 별따기처럼 어려웠다. 그렇다고 해안가에 사는 백성들의 사정이 더 나은 것도 아니었다. 국가가 다 수매해가서 소금 값이 오르면 오르는 대로 비싸게 받고, 소금 값이 내려가도 전에 비싸게 받던 대로 또 받으니 이에 상심한 백성들이 목숨을 끊는 일이 비일비재했다. 경상도에 파견 나갔을 때 이런 실상을 누구보다 잘 살펴본 박규수로서는 관리들의 횡포를 국가가 방조한다는 것이 이해되지 않아 계속해서 이 문제의 개혁을 주장했던 것이다.

일본,
힘으로 통상을 강요하다　　　당시 조선에서 개화론을 주장하
　　　　　　　　　　　　　　는 사람들은 박규수를 비롯해 소
수에 불과했다. 그런데 그런 조정의 개화론에 불을 지피는 사건이 일
어났다. 일본이 왕정복고를 통고해온 서계 문제書契問題로 조선 조정
이 발칵 뒤집혔던 것이다.

　예전에는 대마도 종주가 사신을 보내고 격식을 차려 조선을 정중
하게 대하던 것에서 일본이 스스로 조선 국왕에 대해 일본의 '황皇',
'칙勅'이라고 표기하고, 조선국에 대해서도 '대일본大日本' 등으로 표
기 방법을 달리해 문서를 보내자 이에 격분해 일본의 문서를 거부하
자는 중론이 조정 안에서 크게 일어났다.

　그러나 박규수는 서계 문구에 구애되지 말고, 저들이 나라의 제도
를 변경해 옛날같이 통호通好하려는 뜻을 표명하는 한 대국적 견지에
서 받아들여야 한다고 고종에게 역설했다.

　　그 나라에서 황제라고 칭한 것은 대체로 주周나라 평왕平王 때부터라고

　　하니, 지금 이미 수천 년이 된 셈입니다. 저들의 서계에서 본국이 칭하

　　는 대로 따른 것은 또한 신하로서 그렇게 하지 않을 수 없는 것이니, 성

　　상께서 어떻게 포용하는가에 달려 있는 것입니다.

　　　　　　　　　　　　　　　　　　 -『고종실록』 12년 5월 10일조

박규수는 흥선대원군에게도 일본의 변화를 수용해야 한다고 촉구하며, 흥선대원군의 쇄국론을 정면으로 반박하고 나섰다.

"만약 저들이 포성을 한번 발發하기에 이르면 그 이후 비록 서계를 받고자 하여도 이미 때가 늦어 나라를 욕되게 할 것입니다"

박규수는 이제 개화 정국의 주요 인물이 되어 있었고, 쇄국 정책을 밀어붙이는 흥선대원군과는 사사건건 부딪칠 수밖에 없었다.

박규수와 흥선대원군은 이미 불편한 사이였다. 제너럴셔먼호 사건 이후 흥선대원군은 천주교도들에 대해 엄한 처벌로 이들을 희생시켰는데 관찰사였던 박규수는 천주교 탄압에 동조하지 않았다.

오히려 그는 "백성들을 잘 교화하지 못한 것은 정부의 책임이다. 진실로 선善으로 백성을 이끌면 모두 우리의 선량한 백성들인데 무엇 때문에 많은 사람을 죽이는가?" 하며 흥선대원군을 힐난했다.

박규수는 또 1875년 6월 13일, 일본이 보내온 서계에 대한 논의하기 위해 열린 시원임대신時原任大臣 회의에서도 고종에게 이를 거부하면 반드시 불화를 낳을 단서가 될 것이라고 했다.

그러나 조선은 쉽게 변하지 않았다. 서계 문제를 해결하지 못한 채 세월만 흘려보내다가 결국 큰 사건이 터져버렸다. 그해 9월 25일 운요호 사건이 발생했던 것이다.

일본 군함 운요호가 1875년 9월 20일 조선 해안을 탐측 연구하기 위해 왔다고 핑계를 대고 강화도 앞바다에 불법으로 침투했는데, 해안 경비를 서던 조선 수군의 공격을 받자, 이에 대한 보복으로 함포 공격을 가하고, 영종진에 상륙해 조선 수군을 공격하는 등 인적, 물질적 피해를 입히고 퇴각한 사건이었다.

조선의 패배는 박규수가 예견한 그대로였다. 일본군은 조준이 정확하고 사거리가 긴 대포로 무장하고 빠르기로는 조선의 선박이 도저히 흉내 낼 수 없는 서양 선박을 본뜬 배를 만들어 그대로 조선의 턱밑을 밀고 들어왔지만 조선으로서는 아무런 방비책이 없었다.

1876년 2월의 강화도회의는 하나마나였다. 전쟁에 진 패자 조선에 대한 승자 일본의 무력적 협박으로 강요된 개화 협약이었기 때문이다.

1876년 2월 26일에 조인된 12개 조항의 불평등 병자수호조규丙子修好條規(강화도조약)는 이렇게 해서 체결된 것이다.

이 소식을 들은 박규수는 "가련한 우리 백성들이 하늘로부터 버림받는구나" 하며 개탄했고, 걱정과 분함으로 인해 그는 병석에 눕고 말았다. 이런 뒤숭숭한 상황에서도 조정 대신들은 눈치 보는 행정으로 자신들의 안위만 살피기에 바빴다.

박규수로서는 벽에다 대고 소리 지르는 것처럼 소통의 한계를 느낄 수밖에 없었다. 결국 그는 나름의 소통과 해결 방법을 찾아냈다.

'차라리 물러나서 후배들을 가르치자. 참신하고 소신 있는 새로운 싹을 키워내 나라를 맡기자.'

박규수는 더 이상 관직에 머무는 것이 무의미하다고 여기고 사직을 청한 후 자신의 집에서 후학들을 가르치기로 결정했다. 이른바 박규수의 사랑방 개화수업이 시작된 것이다.

사랑방 손님들,
개화를 배우다

박규수의 사랑방 수업은 그가 흥선대원군에게 개화의 필요성을 여러 차례 역설했으나 뜻을 이루지 못해 비롯된 것이다. 그는 1874년 9월에 사직하고 1875년 초 판중추부사判中樞府事가 되어 국정의 제일선에서 물러났다.

박규수는 자신의 집에 개화교실을 열었는데, 실제 수업은 사랑방 토론 수준이었다. 조선 개국의 산실이라고 할 수 있는 이 사랑방에서 개국의 주역들이 탄생한 것은 익히 아는 사실이다. 조선 안팎에서 개화를 주장하는 신진 사류들이 그의 집으로 몰려들었다. 재상을 그만두고 눌러 앉은 박규수에게서 꽉 막힌 조선의 현실을 타개할 수 있는 대책을 배우려는 젊은이들이었다.

현재 헌법재판소(서울시 종로구 재동 소재) 구내 한쪽 구석 자리가 박규수의 집터이다. 박규수는 그의 사랑방에 똑똑하고 개혁적인 성향을 가진 양반집 자제들을 받아들였다. 김옥균, 홍영식, 서광범, 박영교, 박영효, 김윤식, 유길준 등이 그들이었다. 이들은 후일 조선의 개화파로서 풍운의 삶을 살아간다.

이들이 모인 이유는 서로가 가까운 데 살아 친숙한 데다 개혁적이고 진보적 성향을 갖고 있었기 때문이다. 홍영식은 박규수 집 옆에 살아 더욱 친했다. 서광범의 집은 송현동(현재의 덕성여고 터)이었고, 김옥균의 집은 화동(현재의 정독도서관 자리)이었으며, 박영효의 집은

8. 환재瓛齋 박규수朴珪壽

• 박규수 집터 백송 당시의 자취는 찾아볼 수 없고 백송 앞에 박규수 집터를 알리는 표석만이 남아 있다. 백송의 나이는 약 600살로 추정되며, 1962년 12월 3일 천연기념물 제8호로 지정되었다. 서울시 종로구 재동 소재.

교동(현재의 경인미술관 자리)이었다. 개화파의 주역들이 모두 박규수와 가까이 살았던 것이다.

그들은 자연스럽게 자주 모이며 박규수의 철학을 이어 받았고, 개화운동의 선구적 인물이 되어 조선과 구한말 격동의 세월을 짊어지는 동량이 되었다. 이로써 박규수는 북학파의 사상을 개화파로 연결시킨 중심에 서게 되었다.

박규수는 자신을 찾아온 이들에게 표면적으로는 『연암집』을 강론했으나, 실제적으로는 청나라의 사정과 서구 열강의 문물을 알리고 외국으로 내왕한 사신과 역관들이 전하는 새로운 사상을 가르쳤다.

박규수의 제자들은 훗날 개화당開化黨을 이루어 조선을 근대적인 체제와 국가로 개혁하기 위한 정치혁명, 곧 '갑신정변'을 일으킨 주역이 되었다. 따라서 개화당과 갑신정변의 큰 뜻은 이미 10여 년 전 박규수의 사랑방에서 시작되었다고 할 수 있다. 박규수는 이들에게 북학파의 실학사상에서부터 자신이 보고 배운 중국의 근대화 노력에 대한 견문과 지식 그리고 서양의 근대 제도와 선진 문물은 물론 조선을 둘러싼 국제 정세까지 자세하게 알려주었다.

여기에서 싹 튼 새로운 사상은 바로 조선의 근대화운동과 개화독립당의 모토가 되었고, 입헌군주제와 자본주의 체제로의 변혁으로 이어졌다. 이른바 급진적 개화파운동이 태동되었던 것이다.

당시 김옥균과 박규수의 만남을 전하는 일화가 전해온다.

8. 환재瓛齋 박규수朴珪壽

"대감, 요즘 시국을 어떻게 보시는지요?"

"무슨 시국을 말하는가?"

"지금 이 나라가 흘러가는 꼴이 말이 된다고 보십니까? 우리가 왜 청나라에 질질 끌려 다니며 개화의 눈치를 보고 살아야 한단 말입니까?"

열혈 청년 김옥균의 기개를 묵묵히 바라보던 박규수는 자신의 조부 연암 박지원이 청나라 유리창에서 사 가지고 온 지구본을 꺼내 보여주며 말했다.

"이것을 본 적이 있는가? 우리가 사는 지구는 이렇게 둥글다네. 익히 들었겠지만…… 오늘날 우리에게 정해진 중국이란 것은 무엇인가?"

박규수는 지구본을 한 바퀴 획 돌리고는 조선을 가리켰다.

"이리 돌리면 미국이 중국이 되고 저리 돌리면 조선이 중국이 되는 것이네."

이 말을 들은 김옥균은 갑자기 뭔가를 크게 깨달은 듯 무릎을 치며 일어나 고개를 조아렸다.

"대감 말씀을 충분히 이해하고 남습니다. 이제 제가 할 일을 깨달았습니다."

김옥균이 갑신정변을 일으킨 동기를 박규수가 제공했다는 사실을 알려주는 일화이다. 모든 원인을 박규수 때문이라고 할 수는 없지만 개화파의 갑신정변에 박규수가 직간접적으로 영향을 준 것은 분명하다.

그러나 박규수가 급진적 사상을 가졌다고 보기는 어렵다. 그는 오히려 북학파처럼 봉건주의 전제정치를 일부 묵인하면서 개혁을 통해 부국자립강병을 꿈꾸었다.

그런데 박규수가 가르친 제자들은 대부분 봉건체제의 틀을 깨뜨리고 근대화로 가는 혁명을 모색하고 있었으니, 그로서는 본의 아니게 근대화운동을 재촉한 이론적 근거를 가르친 셈이었다. 그렇지만 박규수가 오랜 기간 동안 그들을 가르친 것도 아니었다. 그는 정계 은퇴 이후 2년 만인 1877년 12월 27일 그토록 고대하던 개화운동의 결실을 보지 못하고 세상을 떠났다.

하지만 불과 2년간의 사랑방 교육이 조선의 신진세력들을 규합시켜 조선 근대화운동의 모태가 되었으니 박규수의 죽음은 결코 헛된 것이 아니었다.

고종은 그의 사망 소식을 듣고 "이 대신은 도량과 식견이 고명하고, 문학이 박식해서 내가 의지하고 온 조야朝野가 기대하던 사람이다. 근래에 의정의 벼슬을 벗은 것과 관련하여 특별히 거기에 머물러 살게 한 것은 바로 평시에 정력이 강직하여 잠시 휴식하게 해주면 다시 등용할 날이 있을 것이기 때문이었는데, 어찌 까닭 모를 병으로 갑자기 영영 가버릴 줄이야 생각이나 하였겠는가? 내 슬픔과 한탄이야 어찌 그 끝이 있겠는가?" 하며 슬퍼했다. 고종으로서는 자신의 오른팔이 떨어져나간 것이나 다름없었다.

조선은 이후 격랑의 세월을 만나 일본과 서구 열강의 강압 아래 문호를 열었으나 박규수의 예언대로 결국 일본의 식민지가 되는 비운

• 갑신정변 주역들(아래)과 김옥균 묘(위) 1875년
초 국정의 제일선에서 물러난 박규수에게 급변하
는 국제 정세의 흐름과 개화이론을 배우고자 많은
젊은이들이 몰려왔다. 그들은 후일 갑신정변의 주
역이 되었다(왼쪽부터 박영효, 서광범, 서재필, 김옥
균). 그중 김옥균은 갑신정변이 삼일천하로 끝나자
일본으로 망명했다. 10년간 일본 각지를 방랑하던
그는 1894년 상해로 건너갔다가 홍종우에게 살해
되었고, 김옥균을 지지하던 일본인들이 머리카락
일부를 가져다가 가묘를 만들었다고 전한다(일본
도쿄도 미나토구 아오야마 소재).

을 맞이하고 말았다. 박규수 같은 인물이 몇 명만 더 있었더라면 조선은 그렇게 빨리 망국으로 치닫지 않았을지도 모른다.

박규수와 후쿠자와 유키치의 차이

조선에 박규수가 있다면 일본에는 후쿠자와 유키치[福澤諭吉]가 있다. 박규수가 30년 정도 먼저 출생했지만 두 사람의 인생 궤적은 한일 양국의 개화를 이끌었다는 점에서 비교될 만하다.

후쿠자와 유키치는 일본의 계몽가이자 교육가로 에도(현재의 도쿄)에 네덜란드 어학교인 난학숙蘭學塾을 열었고 메이로쿠사[明六社]를 창설한 후, 동인으로 활약하며 실학과 부국강병을 강조해 서구식 자본주의 발달의 사상적 근거를 마련했다. 또한 그는 일본 정부의 초빙을 마다하고 외곽에서 정신 개조와 도덕성 향상, 천부적 인권론(민중 애민사상)을 주장하며 근대 일본의 정신적 지주로 자리매김한 지도자이다. 특히 그가 세운 게이오대학교는 지금도 일본의 명문 사학으로 남아 있다.

이와는 대조적으로 박규수의 사랑방 교육은 흔적도 남아 있지 않다. 박규수도 교육과 사상을 통해 국민 개조에 나섰다는 것은 비슷하지만 그는 조정에 스스로 들어가서 수구적 태도를 유지하다가 진보적 자세로 시대의 변화를 포용했다. 이 두 사람의 차이는 박규수가 군주봉건제의 가치체계를 버리지 못한 채 개화를 꿈꾼 것에 비해 후쿠자와는 사회계약론을 중심으로 한 민본사상을 기치로 사회 전반의 개혁을 내걸었다는 점이다.

곧, 박규수의 인식 변화는 놀랄 만한 것이지만 그 시대에 군주를 버리고 민중 위주의 사상과 철학을 구현하는 데는 거리가 있었다는 것이다. 게다가 박규수의 한계는 정부 조직 안에 너무 깊숙이 들어가 있어서 시대의 변화를 쫓아가는 데 시간이 걸렸다는 것이다.

이 두 사람의 차이가 한 나라는 식민지가 되고 한 나라는 지배자가 되는 차이를 낳는 데 일조했다면 지나친 억측일까. 박규수가 태생적 한계를 벗어나지 못한 채 반쪽짜리 개화주의자가 된 것은 조선의 불행이기도 했다.

하지만 이 모든 것을 박규수의 잘못으로 매도해서는 곤란하다. 박규수는 변화를 수용하기 위해 몸부림치며 세상과 힘겨운 싸움을 벌인 풍운아였기 때문이다.

시대를 잘못 만난 천재, 우국충정의 리더로 남다

박규수는 20년에 가까운 칩거와 고통의 세월을 이겨내고 개항과 실학을 대표하는 선두주자로 조선 지식인을 이끈 당대 최고의 실력자였다. 박지원이 공직과는 멀리 떨어져 아픈 가슴을 움켜쥐며 글로 세상과 소통했다면 손자 박규수는 학자이자 공직자로 한평생 최선을 다했고 은퇴 후에까지 사랑방에서 차세대 인재 양성에 모든 것을 걸었다.

혼란의 조선 말기, 박규수는 격변기를 정면으로 대응하며 시대의 흐름에 발맞춰 스스로 변화를 수용하고 끊임없이 발전하는 리더십을 보여주었다.

19세기 중후반 조선사를 연구할 때 박규수를 빼면 남는 것이 없다는 이야기가 나올 정도로 박규수의 공적은 실로 대단했다. 개화와 쇄국의 중심에 위치했으며, 체제의 점진적 개혁과 실리적 개방을 추구했던 점, 개화에 앞서 개혁 성향의 인재들을 대거 양성하고 배출한 점 등은 그의 중요한 업적으로 평가된다.

박규수는 흥선대원군과 고종으로 대표되는 당시 권력의 주체들을 설득해 조선의 문호를 열게 하고, 김윤식·유길준·박영효·김옥균 등의 급진 개화파를 설득해 조정의 중론으로 소통하는 데도 힘썼다.

또한 박규수는 풍전등화의 조선을 걱정한 경세가였고, 당대 최고의 과학자이자 문장가였다. 다만 시대를 잘못 만나 그의 천재성이 제대로 발휘되지 못한 것이 역사의 한이 될 뿐이다. 박규수의 정신은 조선 근대화의 표준으로 우뚝 섰다고 할 만하지 않을까.

참고문헌

강식, "조선 효종조의 북벌론에 대한 연구", 경남대학교 교육대학원 석사학위논문, 2000년.

강신엽, "최석정의 정치사상", 『동국사학』 제28집.

고지마 쓰요시, 신현승 옮김, 『사대부의 시대』, 동아시아, 2004년.

국립중앙박물관, 『간찰』 역사자료총서 3, 2006년.

권인호, 『조선 중기 사림파의 사회정치사상』, 한길사, 1995년.

김기홍 외, 『제왕의 리더십』, 휴머니스트, 2007년.

김낙효, "황희설화의 전승양상과 역사적 의미", 『비교민속학』 제19집, 경기대학교 교수논문, 2000년.

김남이, "집현전 학사의 문학연구", 이화여자대학교 박사학위논문, 2000년.

김세봉, "잠곡 김육 연구", 단국대학교 대학원 석사학위논문, 1984년.

김용석, "개화기의 정치사상에 관한 연구", 동아대학교 교육대학원 석사학위논문, 1986년.

김용흠, "조선 후기 노소론 분당의 사상기반", 『학림』 제17권, 연세대학교 대학원 학술논문, 1996년.

김지숙, "조선 후기 효명세자와 김창하의 궁중 정재에 관한 연구", 공주대학교 교육대학원 석사학위논문, 2004년.

김창선, "김육의 생애와 경제사상", 전남대학교 교육대학원 석사학위논문, 1992년.

김헌수, "맹사성의 풍수관과 사례지 연구", 영남대학교 환경보건대학원 석사학위논문, 2005년.

라종우, "왜란의 발발과 조선의 청병외교", 『군사軍史』 제60호, 원광대학교 학술논문, 2005년.

문일평, 『조선인물지』, 정음사, 1965년.

미야지마 히로시 외, 김현영 옮김, 『조선과 중국 근세 오백년을 가다』, 역사비평사, 2003년.

박민정, "수열에 관한 수학사적 교수-학습지도자료 개발연구", 충남대학교 교육대학원 석사학위논문, 1999년.

박병련 외, 『잠곡 김육 연구』, 한국학중앙연구원 학술논문집, 태학사, 2007년.

성미화, "정악대금연구", 한국교원대학교 대학원 석사학위논문, 2004년.

신연우·신영란, 『제왕들의 책사(조선시대 편)』, 생각하는 백성, 2007년.

안영모, "조선시대의 산학발달에 관한 연구", 고려대학교 교육대학원 석사학위논문, 2000년.

유근 외, 『동국신속삼강행실』 「효자도」 권지1, '맹사성편'.

유성룡, 이재호 옮김, 『징비록』, 역사의아침, 2007년.

유완상 외, "경세가로서의 오리 이원익 연구", 『장안논총』, 장안전문대학교 학술논문, 1998년.

유재호, "선현의 국방사상연구", 국방부전사편찬위원회, 1986년.

윤명선, "최석정의 생애와 학문", 전남대학교 교육대학원 석사학위논문, 1996년.

이긍익, 『연려실기술』, 민족문화문고간행회, 1967년.

이병일, "환재 박규수 연구", 단국대학교 대학원 석사학위논문, 1982년.

이수연, "19세기 중엽의 개국론 연구", 이화여자대학교 대학원 석사학위논문, 2001년.

이은상, "충무공의 서한", 『민족문화』 제15권 4호, 1960년.

이이화, 『이야기 인물한국사(3권·5권)』, 한길사, 1993년.

이태훈, "실학담론에 대한 지식사회적 고찰", 전남대학교 대학원 박사학위논문, 2004년.

이현자, "조선조 연시조의 유형별 변이양상 연구", 경희대학교 대학원 박사학위논문, 2002년.

이효정, "박규수의 개국인식에 관한 연구", 인하대학교 교육대학원 석사학위논문, 2008년.

정관수, "한국공무원의 공직윤리에 관한 실증적 연구", 명지대학교 대학원 박사학위논문, 2006년.

정낙근, "한말 개화지식인의 대외관에 대한 연구", 한국외국어대학교 대학원 박사학위논문, 1992년.

정순목, 『퇴계정전』, 지식산업사, 1992년.

정억기, "이항복의 정치외교활동 연구", 홍익대학교 대학원 박사학위논문, 2006년.

정홍준, "17세기 조선의 정치 권력구조와 대신", 고려대학교 대학원 박사학위논문,
　　　1994년.

『조선왕조실록』(왕대별 각 권).

최석정, 김지용 해제, "경세훈민정음도설", 『인문과학』 제19집, 연세대학교 인문과학
　　　연구소, 1968년.

최종복, "파주 삼현 '얼' 승계 교육에 대한 연구", 고려대학교 교육대학원 석사학위논
　　　문, 1998년.

최준승, "마방진에 관한 연구", 신라대학교 대학원 석사학위논문, 2005년.

충청남도, "내 고향 문화유산을 찾아서", 『아산길라잡이』, 1997년.

한영우, 『다시 쓰는 우리역사(조선시대 편)』, 경세원, 1998년.

허성일, "구당 유길준 연구", 성균관대학교 대학원 박사학위논문, 1999년.

찾아보기

조선참모실록